A Bíblia
em 365 Histórias

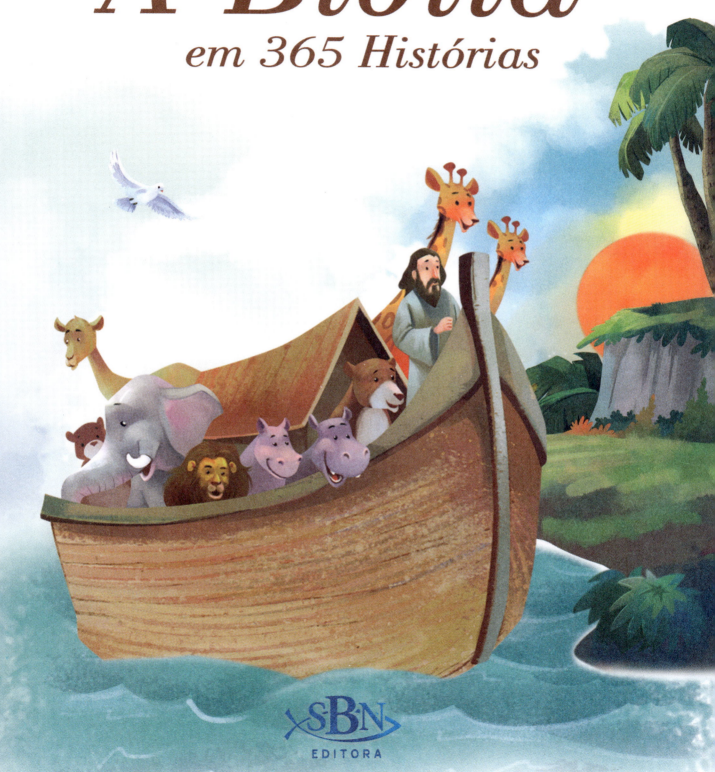

SBN
EDITORA

Índice

Velho Testamento

1. A história da Criação — 6
2. Os bons presentes de Deus para o homem — 7
3. A primeira desobediência — 7
4. Caim e seu irmão Abel — 8
5. Noé e o grande dilúvio — 8
6. A Torre de Babel — 9
7. Abraão, o amigo de Deus e varão — 9
8. Ló foge de uma cidade ímpia — 10
9. O cuidado de Deus com o menino Ismael — 10
10. A lealdade de Abraão a Deus — 11
11. Como Rebeca tornou-se esposa de Isaque — 12
12. Como Jacó enganou seu pai — 12
13. O sonho de Jacó — 13
14. Jacó é enganado por Labão — 13
15. Encontrando um irmão que foi injustiçado — 14
16. José é vendido como escravo por seus irmãos — 14
17. A vontade de José de ajudar os outros — 15
18. Um prisioneiro que se tornou um poderoso governante — 15
19. O teste dos irmãos de José — 16
20. O perdão de José a seus irmãos — 16
21. A lealdade de José à sua família — 17
22. A infância e o treinamento de Moisés — 17
23. A voz do arbusto — 18
24. Faraó, o governante teimoso — 18
25. O preço de ser cruel e teimoso — 19
26. Sapos por toda parte do Egito — 19
27. O faraó é teimoso novamente — 20
28. Deus manda um enxame de moscas — 20
29. O faraó é teimoso mais uma vez — 21
30. Deus produz pestes — 21
31. O aviso de granizo — 22
32. O faraó peca novamente — 22
33. Gafanhotos chegam ao Egito — 23
34. E chega a escuridão — 24
35. O faraó manda Moisés embora — 25
36. Moisés dá o último aviso — 25
37. A Páscoa — 26
38. O faraó diz a eles para irem — 26
39. O faraó os segue — 27
40. Os israelitas ficam com medo — 28
41. O leito do mar está seco — 28
42. As águas do mar elevam-se — 29
43. O povo teme a Deus — 30
44. Deus chama o povo — 31
45. Deus fala com o povo — 31
46. Nossos deveres para com Deus e o homem — 32
47. Os Dez Mandamentos — 32
48. Os espiões hebreus — 33
49. Os israelitas se desesperam — 33
50. Deus fica bravo com o povo — 34
51. Deus prevê o futuro de Moisés — 35
52. As últimas palavras de Moisés — 35
53. Moisés vê a terra prometida — 36
54. Moisés morre — 36
55. Atravessando o rio Jordão — 37
56. Josué comanda o povo — 37
57. Na casa de Raabe — 38
58. Raabe recebe uma promessa — 39
59. A travessia do rio Jordão — 39
60. As 12 pedras — 40
61. A marcha ao redor da cidade — 40
62. O plano para tomar a cidade — 41
63. A tomada de posse de Ai — 41
64. Débora e Baraque — 42
65. Sísera chega à Quisom — 42
66. Os midianitas conquistam os israelitas — 43
67. Deus e Gideão — 43
68. Gideão seleciona os homens — 44
69. Gideão pede comida — 44
70. O plano de Gideão — 45
71. Gideão vence — 45
72. Gideão mata os reis — 46
73. Os israelitas dão anéis de ouro — 46
74. Jefté é chamado — 47
75. A promessa tola de Jefté — 47
76. O luto de Mizpá — 48
77. Nasce Sansão — 48
78. Sansão escolhe uma esposa — 49
79. Sansão dá um banquete — 49
80. O mistério de Sansão — 50
81. Sansão visita sua esposa — 50
82. Sansão se vinga — 51
83. Sansão faz como outros fizeram com ele — 51
84. Dalila engana Sansão — 52
85. Dalila conhece o segredo — 53
86. Dalila engana Sansão novamente — 53
87. Sansão ora — 54
88. Sansão se vinga — 54

#	Title	Page
89.	Noemi e Rute	55
90.	Rute faz planos em Belém	55
91.	Boaz fala com Rute	56
92.	Rute trabalha duro	56
93.	Noemi diz para Rute ir até a área de debulho	57
94.	Boaz promete ajudar	57
95.	Boas casa-se com Rute	58
96.	Ana tem um filho	58
97.	Samuel é chamado por Deus	59
98.	Deus fala com Samuel	59
99.	A arca entre os filisteus	60
100.	Eli morre	60
101.	Saul, o novo príncipe	61
102.	Samuel encontra Saul	62
103.	Samuel entrega uma mensagem para Saul	62
104.	Jônatas vai lutar	63
105.	Saul comete um erro	63
106.	Jônatas desobedece à ordem de Saul	64
107.	Saul encontra o culpado	64
108.	Davi procura Saul	65
109.	O desafio de Golias	65
110.	Davi luta com Golias	66
111.	Davi derrota Golias	66
112.	O ciúme mesquinho de Saul	67
113.	Saul recebe Davi como genro	67
114.	Saul tenta matar Davi	68
115.	A amizade entre Davi e Jônatas	68
116.	Saul fica irritado	69
117.	Davi torna-se rei	69
118.	Salomão é coroado rei	70
119.	O julgamento de Salomão	70
120.	A rainha de Sabá visita Salomão	71
121.	Elias restaura o filho da viúva	71
122.	Elias é levado aos céus	72
123.	Uma rainha dominadora	73
124.	O menino Joás	73
125.	Joás, o rei menino	74
126.	A cidade de Assíria	75
127.	O profeta Jonas	75
128.	Jonas no mar	76
129.	Jonas é lançado ao mar	76
130.	Deus perdoa os assírios	77
131.	Jonas aprende uma lição	77
132.	O triste fim do reino de Israel	78
133.	Novo povo em Israel	78
134.	Ezequias, o rei bom	79
135.	O trabalho de Ezequias	79
136.	Ezequias pede ajuda a Deus	80
137.	Deus concede mais vida a Ezequias	80
138.	O Livro da Lei é encontrado	81
139.	O rei Josias obedece ao livro	81
140.	O profeta Jeremias	82
141.	Jeoaquim, filho de Josias	82
142.	A profecia de Jeremias	83
143.	O ataque de Nabucodonosor	83
144.	O povo de Judá vive na Babilônia	84
145.	Daniel e seus amigos ficam diante de um grande rei	85
146.	O sonho de Nabucodonosor	86
147.	Daniel conta o sonho	86
148.	Daniel conta o significado do sonho	87
149.	Nabucodonosor vê a força de Deus	87
150.	Nabucodonosor tem um outro sonho	88
151.	Deus abala o coração orgulhoso de Nabucodonosor	88
152.	A estranha escrita na parede do palácio	89
153.	Belsazar é morto	89
154.	Dario, o novo governante, e Daniel	90
155.	O anjo visitante de Daniel	90
156.	O regresso dos judeus para casa	91
157.	O novo templo é construído em Jerusalém	91
158.	A construção do templo não é finalizada	92
159.	O rei da Pérsia escolhe uma nova rainha	92
160.	Ester, a linda menina, torna-se rainha	93
161.	Hamã e Mardoqueu	93
162.	Como a rainha Ester salva a vida de seu povo	94
163.	O plano de Ester	94
164.	Ester vai até o rei	95
165.	O rei Assuero lê as crônicas	95
166.	Mardoqueu é honrado	96
167.	Hamã é chamado para jantar novamente	96
168.	Ester revela a verdade sobre Hamã	97
169.	Esdras, o bom homem que ensina a lei de Deus	97
170.	A assembleia de Esdras	98
171.	O bom trabalho de Esdras	99
172.	Neemias, o copeiro do rei	99
173.	O muro destruído é construído	100
174.	Neemias retorna à Pérsia	100

Índice

Novo Testamento

175. Isabel e Zacarias	102	
176. O nascimento de João Batista	102	
177. Maria e o anjo	103	
178. José e o anjo	103	
179. Nasce Jesus Cristo	104	
180. Os pastores veem o menino Jesus	105	
181. Apresentação no templo	105	
182. Os reis magos	106	
183. O malvado rei Herodes	107	
184. O menino Jesus vai a Jerusalém	107	
185. O menino Jesus no templo	108	
186. João é chamado João Batista	108	
187. Jesus é batizado	109	
188. Jesus é tentado	109	
189. Jesus é tentado novamente	110	
190. As bodas em Caná	110	
191. Jesus e a casa de seu Pai Celestial	111	
192. Nicodemos	111	
193. Nicodemos e Jesus	112	
194. Jesus atravessa Samaria	112	
195. Jesus conversa com uma mulher samaritana	113	
196. Os discípulos chegam	113	
197. O filho de um líder	114	
198. Jesus em Nazaré	114	
199. Jesus discursa em Nazaré	115	
200. João é colocado na prisão	115	
201. Jesus encontra Pedro	116	
202. Jesus, Pedro, Tiago e João	116	
203. Jesus encontra Filipe	117	
204. Jesus e Natanael	117	
205. Jesus escolhe 12 apóstolos	118	
206. O sermão da montanha	118	
207. Jesus ensina mais na montanha	119	
208. Jesus ensina sobre a oração	119	
209. Jesus acalma os ventos e as ondas	120	
210. O homem com espíritos malignos	121	
211. Jesus conversa com o espírito maligno	121	
212. Os cuidadores de porcos	122	
213. O homem que não podia andar	122	
214. A filha de Jairo está doente	123	
215. A filha de Jairo é ressuscitada dos mortos	123	
216. Jesus visita sua antiga casa	124	
217. Jesus rola o pergaminho	124	
218. Jesus chama seus amigos	125	
219. Jesus na multidão	125	
220. Os dois grandes mandamentos	126	
221. O sábio doutor da lei	126	
222. As recompensas da modéstia e do altruísmo	127	
223. Dando um banquete	127	
224. Pedro e Jesus	128	
225. Uma lição sobre dinheiro	129	
226. A verdadeira riqueza	129	
227. Nenhum homem pode servir a dois senhores	130	
228. Jesus observa as pessoas ofertarem	130	
229. Uma mulher toca as vestes de Jesus	131	
230. O convite de um fariseu	131	
231. Jesus perdoa uma mulher	132	
232. Fazendo o trabalho de seu pai na Terra	132	
233. Jesus faz o homem andar	133	
234. Jesus alimenta cinco mil pessoas	133	
235. Pouco pão e poucos peixes foram trazidos	134	
236. Jesus caminha sobre as águas	134	
237. Pedro quer andar sobre as águas	135	
238. Jesus ensina o que significa ser limpo	135	
239. Os ensinamentos de Moisés	136	
240. A multidão ouve Jesus	137	
241. O pão da vida	137	
242. Os fariseus falam com Jesus	138	
243. A cura da mulher encurvada	138	
244. Jesus cura um surdo	139	
245. Pedro reconhece Cristo	139	
246. Jesus aconselha os discípulos	140	
247. Os apóstolos veem Jesus, Moisés e Elias	140	
248. Jesus diz como alguém pode se tornar grande	141	
249. Quem é o maior	141	
250. O menino com um espírito maligno	142	
251. O menino é curado	142	
252. Ame seu próximo	143	
253. O bom samaritano	143	
254. O samaritano ajudou	144	
255. Jesus conta parábolas	144	
256. A primeira parábola - A ovelha perdida	145	
257. Jesus fala aos fariseus	145	
258. A segunda parábola - A moeda perdida	146	
259. Jesus faz um pedido	146	
260. A terceira parábola - O filho pródigo	147	
261. O filho pródigo quer voltar para casa	147	
262. O filho pródigo é bem-vindo em casa	148	
263. O filho mais velho fica zangado	148	
264. Jesus explica as parábolas	149	
265. Os dez leprosos	149	
266. O fariseu e o publicano	150	
267. Seja como o publicano	150	
268. A parábola do semeador	151	
269. O significado da parábola	151	
270. Um homem cego	152	
271. A cura do homem cego	152	

#	Título	Página
272.	O bom pastor	153
273.	O jovem rico	153
274.	Jesus explica as dificuldades da riqueza	154
275.	Jesus vai ao encontro de Lázaro	154
276.	Jesus diz que Lázaro está morto	155
277.	Jesus traz Lázaro de volta à vida	155
278.	O Salvador vai para Jerusalém	156
279.	Jesus é recebido em Jerusalém	156
280.	Os réis da viúva	157
281.	A segunda vinda de Jesus	158
282.	A parábola das dez virgens	158
283.	Jesus explica o significado da parábola	159
284.	Os dez talentos	159
285.	Jesus explica a parábola dos dez talentos	160
286.	O primeiro sacramento	160
287.	O primeiro sacramento continuou	161
288.	Outros ensinamentos na última ceia	161
289.	Jesus ensina os apóstolos	162
290.	Jesus no jardim do Getsêmani	162
291.	Jesus sofre no jardim do Getsêmani	163
292.	As provações de Jesus	163
293.	Pôncio Pilatos faz perguntas a Jesus	164
294.	Jesus é crucificado	164
295.	Jesus fala com sua mãe e com João	165
296.	Jesus ressuscitou	165
297.	Dois anjos no túmulo	166
298.	Maria Madalena conta aos apóstolos sobre Jesus	166
299.	Outros são ressuscitados	167
300.	Jesus dá o último mandamento aos seus ajudantes	167
301.	Tomé vê Jesus	168
302.	Os discípulos vão pescar	168
303.	Jesus ajuda os discípulos a pescar	169
304.	Todos tomam café da manhã	169
305.	Jesus e Simão Pedro	170
306.	Jesus ordena a seus discípulos	170
307.	Os discípulos questionam Jesus	171
308.	Jesus sobe ao céu	171
309.	Apóstolos fazem as obras de Jesus	172
310.	O apóstolo Pedro	172
311.	Pedro, o missionário, e o apóstolo André	173
312.	O apóstolo Tiago	173
313.	O apóstolo João	174
314.	O apóstolo Filipe	174
315.	O apóstolo Natanael Bartolomeu	175
316.	O apóstolo Mateus	175
317.	O apóstolo Tomé	176
318.	Apóstolo Tiago, o Menor, e o Apóstolo São Simão	176
319.	São Tadeu	177
320.	Judas Iscariotes	177
321.	Pedro cura um homem	178
322.	O homem coxo anda	178
323.	Pedro e Simão, o curtidor	179
324.	Pedro em Jope	179
325.	Ananias, um cristão primitivo	180
326.	A esposa de Ananias também morre	180
327.	Homens maus matam Estêvão	181
328.	Filipe e o etíope	181
329.	Simão e o sacerdócio	182
330.	Os apóstolos vão para outros lugares	182
331.	Herodes captura Pedro	183
332.	O anjo ajuda Pedro	183
333.	Pedro vai até Maria	184
334.	Rode dá as boas-vindas a Paulo	184
335.	Pedro é procurado	185
336.	Saulo aprende sobre Jesus	185
337.	Barnabé em Tarso	186
338.	Saulo torna-se Paulo	186
339.	Paulo e Barnabé em terras estrangeiras	187
340.	Paulo em Listra	187
341.	Paulo na Macedônia	188
342.	Paulo deixa a prisão	188
343.	Paulo em Tessalônica	189
344.	O discurso de Paulo em Atenas	189
345.	O trabalho de Paulo em Corinto	190
346.	Julgamentos e vitórias de Paulo em Éfeso	190
347.	Demétrio, o ourives	191
348.	Última viagem de Paulo a Jerusalém	191
349.	Paulo é capturado em Jerusalém	192
350.	Paulo faz um discurso	192
351.	Paulo é salvo	193
352.	O comandante salva Paulo	193
353.	Um prisioneiro que pregou para seus juízes	194
354.	Paulo diante do rei Agripa	194
355.	Paulo fala ao rei Agripa	195
356.	Paulo continua a história	195
357.	A resposta de Agripa	196
358.	O navio de Paulo tem problemas	196
359.	O naufrágio	197
360.	Na ilha	197
361.	O fim da longa jornada de Paulo	198
362.	Paulo ajuda o governante	198
363.	A viagem à Roma	199
364.	Paulo ensina novamente	199
365.	As epístolas de Paulo	200

1. A história da Criação

Gênesis 1

No primeiro dia, Deus fez a luz. Ele separou a luz da escuridão e chamou essa divisão de Dia e de Noite.

No segundo dia, Deus entregou um céu chamado Paraíso.

No terceiro dia, Deus fez a terra seca e os mares. Ele fez plantas e árvores crescerem.

Deus fez o Sol, a Lua e as estrelas. Esse foi o quarto dia.

Deus colocou criaturas vivas na terra e na água. Ele fez pássaros voando no céu. Então, o quinto dia correu bem.

Deus fez um homem à Sua imagem e semelhança. Deus viu que tudo o que tinha feito era bom. Então, o sexto dia foi feliz.

No sétimo dia, Deus descansou. Deus abençoou o sétimo dia e santificou-o.

2. Os bons presentes de Deus para o homem

Gênesis 2

Deus plantou um jardim no Éden. No jardim, ele colocou a árvore da vida que dá o conhecimento do que é bom e ruim.

Deus disse ao homem para cuidar do jardim. Ele proibiu o homem de comer do fruto da árvore do conhecimento.

O homem estava sozinho; então, Deus decidiu dar-lhe uma mulher, para que lhe fizesse companhia.

Deus fez o homem adormecer. Enquanto dormia, Deus tirou uma de suas costelas e fez uma mulher.

O homem chamou-a de mulher porque ela tinha sido feita do corpo dele.

3. A primeira desobediência

Gênesis 3

Uma serpente astuta morava no jardim. Ela disse para a mulher:

- Deus não quer que você conheça o que é bom e o que é ruim. Então, coma o fruto.

A mulher pegou o fruto e comeu-o. Ela também o deu para seu marido. O homem e a mulher perceberam que estavam nus. Deus sabia que eles tinham comido o fruto.

Deus disse para a serpente:

- Serpente, sobre o seu ventre você andará, e pó você comerá todos os dias da sua vida.

Deus disse à mulher:

- Multiplicarei grandemente a sua dor.

Deus disse ao homem:

- Você sempre trabalhará arduamente.

Deus enviou homem e mulher à Terra.

7

4. Caim e seu irmão Abel

Gênesis 4

Adão chamou sua esposa de Eva. Ela teve dois filhos, Caim e Abel. Abel era pastor de ovelhas. Caim era fazendeiro. Um dia, Caim trouxe para Deus algumas frutas e grãos; Abel trouxe um animal de seu rebanho. Deus ficou feliz com o presente de Abel. Ele não ficou feliz com Caim. Caim ficou zangado. Caim golpeou seu irmão Abel e matou-o no campo.

Deus disse para Caim:

- Onde está seu irmão Abel?

Caim disse:

- Eu não sei.

Deus puniu Caim. Ele colocou uma marca em Caim, para evitar que alguém o matasse. Caim viveu como um andarilho.

5. Noé e o grande dilúvio

Gênesis 6

Quando Deus viu que os homens estavam ficando perversos, Ele ficou triste e decidiu destruir a Terra. Mas Deus amava Noé.

Deus disse para Noé:

- Eu decidi colocar um fim em todos os seres vivos. Construa uma arca. Estou prestes a trazer inundações. Pegue dois animais de cada espécie. Depois de sete dias, eu enviarei chuva por 40 dias e 40 noites.

Noé fez tudo o que Deus havia pedido. A chuva caiu sobre a Terra. Deus fechou Noé na arca. Depois de 40 dias, Noé tirou a cobertura da arca. Então ele, junto com sua esposa, seus filhos e as esposas dos filhos saíram da arca. Deus prometeu não os destruir.

6. A Torre de Babel

Gênesis 11

Todos os povos da Terra falavam uma só língua. Eles encontraram um amplo vale na terra da Babilônia e fizeram uma casa lá. Eles diziam uns aos outros:

- Venham, vamos assar tijolos.

E então diziam:

- Venham, vamos construir uma cidade para nós, e uma torre cujo topo tocará o céu.

Mas quando Deus foi ver a cidade e a torre, ele disse:

- Este é o início. Agora, nada do que planejem parecerá muito difícil para eles. Vou confundir os idiomas, assim eles não entenderão uns aos outros.

Deus os espalhou por toda a Terra. Eles pararam de construir a cidade. Eles a chamaram de Babel, que significa "Confusão".

7. Abraão, o amigo de Deus e varão

Gênesis 13

Os filhos de Noé tiveram mais filhos.

Deus disse a Abraão:

- Siga daqui.

Abraão partiu. Ló foi com ele. Abraão levou Sara, sua esposa. Ló levou o filho de seu irmão. Eles começaram pela terra de Canaã.

No caminho, Deus lhes deu terra, gado, prata e ouro. A terra não era rica o suficiente para sustentar os dois. Então, Abraão decidiu se separar de Ló. Ló escolheu o vale do Jordão. Abraão mudou sua tenda e morou no bosque de carvalhos de Manre. Deus o visitou e abençoou sua esposa com um filho.

8. Ló foge de uma cidade ímpia

Gênesis 19

Dois anjos foram até Sodoma. Ló estava sentado no portão. Ló fez um banquete para que eles comessem. As pessoas de Sodoma estavam zangadas com Ló. Elas avançavam para derrubar a porta. Porém, os anjos arrastaram Ló para dentro de casa, trancaram a porta e disseram-lhe:

- Deus nos enviou para destruir as pessoas ímpias.

Os anjos também disseram-lhe para pegar sua família e partir. Ló correu para uma aldeia. Deus destruiu Sodoma e Gomorra. A esposa de Ló olhou para trás e transformou-se em uma estátua de sal. De manhã cedo, Ló olhou para Sodoma e Gomorra e viu a fumaça da terra.

9. O cuidado de Deus com o menino Ismael

Gênesis 21

Sara teve um filho. Ela viu o filho de Agar, a serva egípcia de Abraão, brincando com seu filho. Ela disse para Abraão:

- Mande-os embora.

Deus disse a Abraão para ele escutar Sara. Ele disse:

- Isaque e os descendentes dele carregarão o seu nome. Eu também farei do filho da escrava uma grande nação, porque também é sua semente.

Abraão mandou Agar embora. Ela queria deixar o filho dela, mas Deus disse a ela que não. Sua vasilha estava seca. Deus deu um poço para ela e cuidou do menino. Quando ele cresceu, foi morar em Parã. Sua mãe encontrou uma esposa para ele no Egito.

10. A lealdade de Abraão a Deus

Gênesis 22

Deus disse a Abraão:

- Pegue seu filho, vá até a terra de Moriá e ofereça-o em sacrifício.

Abraão levou dois servos com ele e com seu filho Isaque. Ele levou madeira para o sacrifício. Também levou fogo e uma faca. Quando chegaram ao local, Abraão ergueu um altar e colocou a madeira sobre ele. Então, amarrou Isaque e deitou-o sobre o altar. Depois, Abraão pegou a faca para matar o filho. Porém, um anjo o deteve. Então, Abraão olhou para cima e viu um cordeiro. Abraão pegou o cordeiro e o ofereceu em sacrifício. Deus estava feliz. Abraão tinha passado no teste.

11. Como Rebeca tornou-se esposa de Isaque

Gênesis 24

Quando Abraão já estava muito velho, seu servo foi até a cidade de Naor para encontrar uma noiva para Isaque. Lá, Rebeca, que era neta de Naor, irmão de Abraão, saiu com seu jarro de água. Ela era muito bonita e solteira.

O servo contou o propósito à família dela. A família disse ao servo para levá-la. À noite, quando Isaque saiu para o campo, ele avistou os camelos chegando. Isaque levou Rebeca até a tenda de sua mãe, Sara. Ela tornou-se sua esposa; e ele a amou.

12. Como Jacó enganou seu pai

Gênesis 25

Rebeca tornou-se mãe de meninos gêmeos - Esaú e Jacó. Isaque amava Esaú, e Rebeca amava Jacó. Certa vez, Jacó deu um ensopado para Esaú em troca de sua primogenitura.

Quando Isaque ficou velho, encarregou Esaú de trazer-lhe uma caça, para preparar-lhe um ensopado e receber bênçãos. Rebeca enviou seu filho para pegar uma cabra e preparou o ensopado para que Isaque abençoasse Jacó. Rebeca pegou as roupas de Esaú e colocou-as em Jacó. Isaque não o reconheceu. Dessa forma, abençoou-o. Assim que Isaque deu a benção para Jacó, Esaú apareceu. Isaque disse:

- Seu irmão me enganou e levou sua benção embora.

Esaú ficou muito triste.

13. O sonho de Jacó

Gênesis 27

Esaú odiava Jacó. Ele queria matá-lo. Por isso, Rebeca disse a ele para que fosse morar com seu irmão Labão, em Harã. No caminho, Jacó dormiu e, em sonho, viu uma escada que começava na terra e alcançava o topo do céu. Deus disse:

- A terra sobre a qual você deita, darei a você e aos seus filhos.

Jacó levantou de manhã cedo e pegou a pedra que ele tinha colocado debaixo da sua cabeça. Ele a montou como um pilar e derramou óleo sobre ela. Ele chamou aquele lugar de Betel, que significa "Casa de Deus".

14. Jacó é enganado por Labão

Gênesis 28

Jacó foi em sua jornada. Ele chegou em Harã e viu Raquel, filha de Labão.

Jacó contou a Raquel que ele era um parente. Ela correu e contou para seu pai. Labão o levou para a casa dele. Jacó ficou com ele um mês inteiro.

Labão tinha duas filhas, Lia e Raquel. Jacó amava Raquel. Ele trabalhou sete anos por Raquel.

Labão enganou Jacó e deu Lia para ele. Jacó ficou com Lia durante a semana do casamento.

Ele amava Raquel mais do que à Lia. Então, ele teve que trabalhar mais sete anos para Labão.

Assim, Labão entregou sua filha Raquel em casamento para Jacó.

15. Encontrando um irmão que foi injustiçado

Gênesis 32

Jacó tornou-se rico. Ele fugiu com a família para o outro lado do rio Eufrates. Jacó enviou mensageiros até seu irmão Esaú, para avisá-lo que ele estava chegando. Seu irmão enviou uma mensagem dizendo que estava vindo com 400 homens. Jacó enviou um presente para Esaú e passou a noite sozinho no campo. Mais tarde naquela noite, ele mandou suas esposas e seus onze filhos atravessarem o rio Jaboque. Quando Jacó olhou, viu Esaú chegando com 400 homens. Esaú correu para encontrá-lo, colocou os braços em torno do pescoço dele, beijou-o e ambos choraram.

16. José é vendido como escravo por seus irmãos

Gênesis 37

Quando José tinha 17 anos, ele e seus irmãos eram pastores. Jacó amava seu filho José e fez uma túnica para ele. Contudo, no momento em que os irmãos viram, passaram a odiar José. José teve um sonho e contou para os irmãos.

- Parecia que o Sol, a Lua e onze estrelas curvavam-se para mim.

Os irmãos planejaram matá-lo. Mas, finalmente, resolveram vendê-lo para os ismaelitas, que o levaram para o Egito. Os irmãos de José pegaram sua túnica, mataram uma cabra, sujaram-na com sangue e a levaram para seu pai. Eles disseram:

- José está morto.

17. A vontade de José de ajudar os outros

Gênesis 39; 40

José foi levado para o Egito. Um egípcio o comprou. Porém, a esposa dele queixou-se de José. Ele pegou José e colocou-o na prisão. O copeiro-mor e o padeiro-mor do rei também estavam na prisão. Ambos tiveram sonhos. José disse ao copeiro-mor que tinha visto, em sonho, uma vide de três galhos e uvas maduras, o que significava que o faraó o libertaria.

O padeiro-mor também contou o sonho dele:

- Havia três cestos brancos que estavam sobre a minha cabeça; no cesto mais alto, havia de todos os manjares de faraó, obra de padeiro; e as aves o comiam do cesto.

José disse que ele seria enforcado.

No terceiro dia, o faraó restaurou o copeiro-mor ao posto dele, mas o padeiro-mor foi enforcado.

18. Um prisioneiro que se tornou um poderoso governante

Gênesis 41

Dois anos mais tarde, o faraó teve sonhos. Pela manhã, o faraó mandou chamar todos os adivinhadores e sábios do Egito e contou seus sonhos a eles. Contudo, ninguém os conseguiu interpretar. Então, o copeiro-mor disse ao faraó:

- Lembro-me de um hebreu que interpretava sonhos.

O faraó mandou chamar José. José contou que depois de sete anos de fartura, viriam sete anos de fome. José aconselhou o faraó a juntar mantimentos para os anos de fome. O faraó disse para José:

- Você governará o meu país. Somente no trono, eu serei maior que você.

O faraó deu-lhe por esposa Azenate, filha de Potífera.

José administrou bem o período de fome, que veio depois do período de fartura.

19. O teste dos irmãos de José

Gênesis 42

Quando Jacó soube que havia grãos à venda no Egito, pediu aos filhos para irem até lá para comprá-los. Então, eles foram comprar os grãos, porque a fome assolava a terra de Canaã.

José era o governador do Egito. Quando ele viu os irmãos, reconheceu-os; porém, agiu como se fosse um estranho e falou rudemente com eles. Ele os colocou na prisão por três dias.

Depois, enviou-os de volta e pediu para que lhe trouxessem seu irmão caçula.

Quando José viu Benjamim, eles beberam e se divertiram com ele.

20. O perdão de José a seus irmãos

Gênesis 44; 45; 53

Os irmãos voltaram e jogaram-se aos pés dele. Eles imploraram por misericórdia. José não pôde se controlar e gritou:

– Façam sair daqui todos os homens!

Dessa forma, nenhum egípcio estava presente quando José se deu a conhecer seus irmãos.

José disse aos irmãos:

– Eu sou José. Meu pai ainda está vivo?

Os irmãos não puderam responder, pois estavam muito envergonhados diante dele.

– Vão rapidamente até meu pai e digam-lhe que o filho dele é governador do Egito. Vocês viverão na terra de Gósen. Lá eu aprovisionarei vocês. Haverá mais cinco anos de fome.

21. A lealdade de José à sua família

Gênesis 45

As notícias de que os irmãos de José tinham chegado tornaram-se conhecidas no palácio do faraó. Isso agradou o faraó.

Ele disse a José para trazer sua família para o Egito. José enviou seus irmãos para buscá-los. Jacó e todas as pessoas chegaram com seu gado. O faraó deu a eles a terra de Gósen.

Jacó tinha abençoado o faraó. Assim, José deu ao pai e aos irmãos uma casa na melhor parte da terra do Egito. José também forneceu alimento para eles.

Os israelitas moraram no Egito, na terra de Gósen. Eles enriqueceram e tiveram muitos filhos.

22. A infância e o treinamento de Moisés

Êxodo 1; 2

Depois da morte de José e seus irmãos, os israelitas tornaram-se numerosos. Os egípcios fizeram deles escravos. O faraó deu ordens para matarem todos os meninos hebreus.

Uma mulher da tribo de Levi teve um filho. Ela o colocou dentro de um cesto e deixou-o perto do rio Nilo. A filha do faraó o encontrou. Quando a criança cresceu, tornou-se seu filho, Moisés.

Um dia, Moisés matou um egípcio que estava ferindo um hebreu. O faraó ficou zangado. Moisés partiu e foi para a terra de Midiã. Ele encontrou as filhas de um pastor de Midiã. Moisés viveu com o pai delas, que lhe deu por esposa Zípora. Ela teve um filho, e Moisés o chamou de Gerson.

23. A voz do arbusto

Êxodo 3

Um dia, Moisés foi até Horebe, a montanha de Deus. Lá, o anjo de Deus apareceu para ele em uma chama de fogo. Deus disse a Moisés que ele queria resgatar seu povo do poder dos egípcios e levá-los a uma terra bonita, com fartura de leite e mel. Ele disse que queria que Moisés fosse até o faraó e levasse os israelitas para fora do Egito.

Moisés voltou-se para Jetro, o pai de sua esposa, e disse a ele:

- Deixe-me ir até o meu povo no Egito.

Jetro respondeu para Moisés:

- Vá, com a minha benção.

24. Faraó, o governante teimoso

Êxodo 5, 7

Moisés e Arão foram para o Egito até o faraó e disseram:

- O Deus de Israel disse: "Deixe meu povo ir".

Porém, o faraó respondeu:

- Eu não vou deixar Israel ir.

Os dois homens disseram:

- O Deus dos hebreus nos encontrou; deixe-nos ir para oferecer um sacrifício ao nosso Deus.

Mas o rei respondeu:

- Por que você faz cessar o povo das suas obras?

Agora, o faraó estava mais cruel com o povo.

Moisés disse ao Senhor Deus:

- Senhor! Por que você fez mal a este povo? Desde que falei ao faraó em Seu nome, ele passou a maltratar esse povo. De nenhuma maneira, Você livrou o seu povo.

Deus respondeu:

- Agora você verá o que hei de fazer ao faraó.

25. O preço de ser cruel e teimoso

Êxodo 7

Então Deus disse a Moisés:

- O faraó é teimoso; ele não deixará o povo ir. Vá até o faraó. Diga a ele: "Assim diz o Senhor: 'O Deus dos hebreus me enviou - deixe o povo ir'".

Deus lhe deu poderes.

Na manhã seguinte, Moisés fez como foi-lhe dito. Ele levantou o cajado na presença do faraó e dos servos dele e feriu as águas do rio Nilo; e a água transformou-se em sangue. Os peixes morreram e o rio tornou-se tão sujo que os egípcios não puderam beber de sua água.

26. Sapos por toda parte do Egito

Êxodo 8

Sete dias mais tarde, Deus deu uma ordem a Moisés:

- Vá até o faraó e diga a ele: "Assim diz o Senhor: 'Deixe meu povo ir, para que possam Me adorar. Se você se recusar a deixá-los ir, então enviarei rãs à sua terra; e o Nilo se infestará com rãs que irão a toda parte'".

Deus disse a Moisés para pedir a Arão para estender a mão dele com o cajado e fazer subir rãs sobre a terra do Egito. Então, Arão estendeu a mão sobre as águas do Egito; e as rãs subiram e cobriram a terra do Egito.

27. O faraó é teimoso novamente

Êxodo 8

O faraó chamou Moisés e Arão e disse:

- Digam ao Senhor que tire as rãs de mim e do meu povo. Então, deixarei ir o povo.

Moisés disse ao faraó:

- Eu direi. - Ele deixou o palácio e saiu.

Depois disso, Moisés clamou ao Senhor para retirar as rãs. As rãs morreram nas casas, nos pátios e nos campos.

O faraó percebeu que o alívio tinha chegado. Ele foi teimoso novamente e não ouviu Moisés e Arão. Ele não deixou o povo partir.

28. Deus manda um enxame de moscas

Êxodo 8

Então disse o Senhor a Moisés:

- Levante-se pela manhã cedo, vá até o faraó e diga a ele: "Assim diz o Senhor: 'Deixe ir o meu povo. Se você não deixar ir o meu povo, enviarei enxames de moscas sobre você, sobre os seus servos e sobre o seu povo, e nos palácios; e as casas dos egípcios se encherão desses enxames'".

O faraó não concordou. Ele não queria deixar o povo ir. Assim, foram grandes enxames de moscas à casa do faraó e à casa dos seus servos; e toda a terra do Egito foi corrompida por esses enxames de moscas. Porém, o faraó mais uma vez foi teimoso.

29. O faraó é teimoso mais uma vez

Êxodo 8

O faraó chamou Moisés e Arão e disse:

- Deixarei vocês irem, para que possam oferecer sacrifício ao seu Deus; vocês só não devem ir longe. Orem por mim.

Moisés respondeu:

- Farei como você fala. Orarei ao Senhor para que os enxames de moscas deixem a terra do Egito. Depois disso, prometa que deixará eu e meu povo irmos.

O faraó concordou. Então, Moisés saiu da presença do faraó e orou ao Senhor. E o Senhor fez como Moisés pedira; mas também, desta vez, o faraó foi teimoso e não deixou o povo ir.

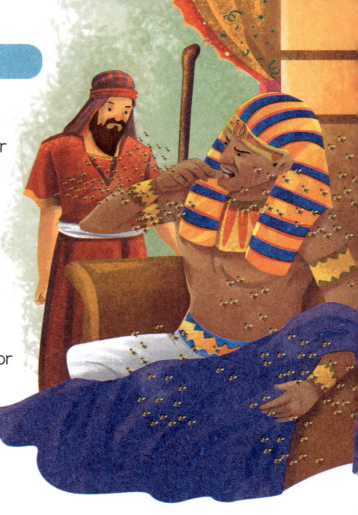

30. Deus produz pestes

Êxodo 10

Então, o Senhor disse a Moisés:

- Vá até o faraó e diga a ele que, se ele não deixar meu povo ir, pestes virão sobre o gado que está no campo, sobre os cavalos, sobre os jumentos, sobre os camelos, sobre os bois e sobre as ovelhas. Mas nenhum dos que pertencem aos israelitas morrerá. Assim, eles verão a diferença e os deixarão ir.

Deus fez isso no dia seguinte, e todo o rebanho dos egípcios morreu; porém, nenhum dos rebanhos dos israelitas. Mas o faraó era teimoso e ainda não deixou o povo ir.

31. O aviso de granizo

Êxodo 9

O Senhor disse para Moisés:

- Vá até o faraó e diga a ele: "Assim diz o Senhor, Deus dos hebreus: 'Deixe meu povo ir, para que possam me adorar. Ou amanhã, a esta hora, enviarei uma chuva muito forte de granizo. Ela destruirá tudo'".

O granizo derrubou tudo. Somente na terra de Gósen, onde os israelitas estavam, não houve granizo. O faraó podia ver a força de Deus, mas permanecia teimoso. Ele viu que os israelitas não haviam sido afetados em nada.

32. O faraó peca novamente

Êxodo 9

O faraó chamou Moisés e Arão e disse a eles:

- Eu pequei dessa vez. Eu e meu povo estamos errados. Deixarei vocês irem.

Moisés disse a ele:

- Assim que eu sair da cidade, estenderei minhas mãos em oração; o trovão vai parar e não haverá mais granizo.

Moisés saiu da cidade do faraó e orou. Mas, quando o faraó viu que a chuva, o granizo e o trovão tinham parado, pecou novamente. Ele e seus servos foram teimosos e ele não deixou os israelitas partirem.

33. Gafanhotos chegam ao Egito

Êxodo 10

Moisés e Arão foram até o faraó e disseram-lhe:

- Assim diz o Senhor: "Deixe ir o meu povo, para que possam me adorar. Se você se recusar a deixar o meu povo ir embora, amanhã trarei gafanhotos para a sua terra, para cobrir tudo".

O faraó não deixou o povo ir. Moisés estendeu o seu cajado sobre a terra do Egito, e o Senhor fez com que o vento leste soprasse sobre a terra dia e noite. De manhã, o vento do oriente trouxe os gafanhotos, e eles percorreram toda a terra do Egito: nada verde foi poupado.

34. E chega a escuridão

Êxodo 10

O faraó chamou Moisés novamente e disse:

- Orem ao Senhor, seu Deus, para que tire essa praga mortal. Então eu deixarei o povo ir.

Moisés foi e orou ao Senhor, e o Senhor pegou os gafanhotos e os levou ao Mar Vermelho. Mas o faraó novamente voltou atrás em sua promessa e não deixou os israelitas partirem. Dessa maneira, Deus disse a Moisés para estender a mão sobre o Egito e trazer trevas. Moisés estendeu a mão com o cajado e houve trevas na terra do Egito por três dias. Porém, os israelitas tinham luz em seus lares.

35. O faraó manda Moisés embora

Êxodo 10

Então o faraó chamou Moisés e disse:

- Vão, adorem ao Senhor; apenas deixem seus rebanhos e suas manadas ficarem para trás.

Moisés não concordou. Ele disse:

- Você também deve nos dar animais para o sacrifício, para que possamos oferecer um sacrifício ao Senhor, nosso Deus. Nosso gado também deve ir conosco.

Mas o faraó continuava obstinado e não os deixou partir. Ele disse-lhe:

- Fique longe de mim; nunca mais venha até mim.

Moisés respondeu:

- Sim, nunca mais o verei.

36. Moisés dá o último aviso

Êxodo 11

Antes de ir, Moisés disse ao faraó:

- O Senhor declara que, por volta da meia-noite, Ele passará por todo o Egito. Todos os primogênitos da terra do Egito morrerão. Haverá um grande grito de tristeza por todo o Egito. O Senhor consegue distinguir egípcios de israelitas. Seus servos virão até mim e se curvarão, dizendo: "Vá embora". Depois disso, irei embora.

Ao dizer isso, Moisés saiu da presença do faraó com grande ira. Ele sabia que o faraó estava sendo irracional e não obedecia ao Senhor.

37. A Páscoa

Êxodo 12

Moisés chamou todos os líderes de Israel e disse:

- Peguem cordeiros das manadas e matem o cordeiro da Páscoa. Peguem um ramo de hissopo e mergulhem-no no sangue; depois, passem-no nas ombreiras e na verga das portas com o sangue. À meia-noite, o Senhor passará para matar os egípcios e, quando Ele vir o sangue nas ombreiras e na verga das portas, passará direto. Vocês e seus filhos devem observar esse evento como um costume para sempre. Esse será o sacrifício da Páscoa do Senhor.

38. O faraó diz a eles para irem

Êxodo 13

Os israelitas foram e fizeram como o Senhor havia ordenado a Moisés e a Arão. À meia-noite, o Senhor matou todos os primogênitos da terra do Egito. Então, o faraó se levantou durante a noite, junto com todos os seus servos e todos os egípcios, e houve um grande grito de tristeza.

O faraó chamou Moisés e Arão, à noite, e disse:

- Saiam do meio do meu povo, tanto vocês quanto os israelitas. Peguem suas ovelhas e seu gado.

Os egípcios também disseram ao povo para deixar a terra.

39. O faraó os segue

Êxodo 13, 14

Os israelitas estavam a pé e tinham muitos rebanhos e manadas. Eles foram e acamparam perto de Pi-Hairote, entre Migdol e o mar, defronte de Baal-Zefom. O Senhor mostrou-lhes o caminho com uma coluna de nuvem durante o dia e deu-lhes luz com uma coluna de fogo à noite. Quando o faraó do Egito foi informado de que o povo havia saído em retirada, ele preparou sua carruagem e levou seu exército consigo. Ele também levou os melhores carros de guerra do Egito. O Senhor deixou que o faraó, rei do Egito, permanecesse teimoso, de modo que ele seguiu os israelitas.

40. Os israelitas ficam com medo

Êxodo 14

Quando o faraó se aproximou e os israelitas viram os egípcios marchando atrás deles, ficaram com muito medo e clamaram a Moisés:

– Por que você nos enganou ao nos tirar do Egito? Era melhor, para nós, servir os egípcios a morrer no deserto.

Os israelitas queriam voltar ao Egito e servir como escravos, mas Moisés disse:

– Não tenham medo, fiquem quietos. O Senhor os salvará hoje. O Senhor lutará por vocês. Então, fiquem comigo.

Os israelitas concordaram e ficaram com ele.

41. O leito do mar está seco

Êxodo 14

Então a coluna de nuvem mudou sua posição: retirou-se da frente deles e se pôs atrás deles, vindo entre o exército dos egípcios e o exército dos israelitas. De um lado, a nuvem estava escura e, do outro, iluminava a noite, de modo que durante toda a noite os exércitos não lutaram. Moisés estendeu a mão sobre o mar e o Senhor, por meio de um forte vento leste, fez o mar retroceder e seu leito secar. Assim, os israelitas atravessaram o leito seco do mar.

42. As águas do mar elevam-se

Êxodo 14

Os israelitas seguiam e os cavalos, as carruagens e os cavaleiros do faraó iam atrás deles até o mar. O Senhor olhou através da coluna de fogo e nuvem sobre o exército dos egípcios e os alvoroçou. Ele tirou-lhes as rodas dos carros, de modo que eles se arrastaram pesadamente. Os egípcios disseram:

- Vamos fugir dos israelitas, porque Deus luta por eles contra nós.

Então o Senhor disse a Moisés:

- Estenda a sua mão sobre o mar, para que as águas tornem sobre os egípcios, seus carros e seus cavaleiros.

Moisés estendeu a mão sobre o mar.

43. O povo teme a Deus
Êxodo 14

Assim, o Senhor lançou os egípcios no meio do mar. As águas retornaram e cobriram as carruagens e os cavaleiros. Todo o exército do faraó tinha ido atrás dos israelitas no mar, de modo que agora não havia restado nenhum deles. Sendo assim, naquele dia, o Senhor salvou os israelitas do poder dos egípcios. Quando os israelitas viram a grande obra de Deus, as pessoas o temeram e acreditaram nEle e em seu servo Moisés. Os egípcios não quiseram lutar e levar os israelitas de volta.

44. Deus chama o povo

Êxodo 19

Moisés levou os israelitas à frente do Mar Vermelho. Eles chegaram ao deserto do Sinai. Lá, os israelitas acamparam diante da montanha. Moisés subiu na presença de Deus. Da montanha, o Senhor lhe disse:

- Diga aos israelitas: "Vocês viram o que Eu fiz aos egípcios e como Eu os trouxe para Mim. Agora, vocês serão Meu tesouro, escolhidos dentre todas as nações".

Então Moisés convocou os líderes do povo e contou-lhes isso. Todas as pessoas responderam, juntas:

- Faremos tudo o que o Senhor ordenou.

45. Deus fala com o povo

Êxodo 19

Em seguida, o Senhor disse a ele:

- Vá para o povo. Deixe-os lavarem suas roupas e estejam prontos no terceiro dia, quando eu descer no Monte Sinai na frente deles.

No terceiro dia, quando chegou a manhã, houve trovão e luz e uma nuvem espessa sobre a montanha. Uma trombeta tocou muito alto. As pessoas que estavam no acampamento tremeram. Elas ficaram no sopé da montanha. O monte Sinai estava coberto de fumaça. A montanha inteira tremeu violentamente. Então, Deus falou:

- Eu tirei vocês da terra do Egito, de um lugar onde vocês eram escravos.

46. Nossos deveres para com Deus e o homem

Êxodo 20

Então, falou Deus todas estas palavras, dizendo:

- Eu sou o Senhor seu Deus. Não se curvem a nenhum ídolo ou o adorem, porque Eu sou o Senhor. Eu castigo aqueles que cometem pecado e até mesmo seus descendentes são afetados por essa punição. Eu mostro Meu amor a milhares de gerações, gerações daqueles que Me amam e obedecem às Minhas leis.

47. Os Dez Mandamentos

Êxodo 20

E, quando falou com o povo, o Senhor também lhes disse que teriam alguns deveres para com ele e com os homens. Eram os Dez Mandamentos. Assim disse o Senhor:

- Não adore nenhum outro Deus.
- Não adore ídolos.
- Trate o nome de Deus com respeito.
- Guarde o sábado, visto que o sétimo dia é santo para Deus.
- Honre seus pais.
- Não mate.
- Não cometa adultério.
- Não roube.
- Não minta.
- Não cobice a casa do seu próximo.

48. Os espiões hebreus

Números 13

Moisés enviou alguns homens para explorar a terra de Canaã. Eles subiram para o País do Sul e foram para Hebron. Eles chegaram ao vale de Escol. Então, voltaram a Moisés, a Arão e a todos os israelitas em Cades e mostraram-lhes o fruto da terra. Eles relataram a Moisés:

- Nós fomos para a terra a qual você nos enviou; ela está cheia de leite e mel e isto é um pouco do seu fruto. Mas as pessoas que moram lá são fortes e as cidades são muito grandes e têm muros altos ao redor delas.

49. Os israelitas se desesperam

Números 14

Todas as pessoas choraram naquela noite e gritaram:

- Por que Deus nos trouxe a esta terra para enfrentar a espada? Nossas esposas e nossos filhos serão levados cativos. Não seria melhor para nós retornarmos ao Egito? - Eles disseram uns aos outros: - Deixe-nos escolher um líder e voltarmos para o Egito.

Então Moisés e Arão curvaram-se perante todos os israelitas.

Josué e Calebe, que estavam entre os que exploraram a terra, disseram-lhes:

- A terra que exploramos é uma terra muito boa.

50. Deus fica bravo com o povo

Números 14

Moisés disse:

- Se Deus estiver satisfeito conosco, ele nos levará para essa terra e a dará para nós. É uma terra da qual emana leite e mel. Não se rebelem contra Deus. As pessoas da terra nos fornecerão comida. O Senhor está conosco; não o tema.

Mas o povo não confiava em Deus. Então, o Senhor disse a Moisés:

- Por quanto tempo eles se recusarão a confiar em Mim, apesar de todas as maravilhas que Eu realizei diante dos olhos deles? Eu os destruirei e farei de você e de sua família uma nação.

51. Deus prevê o futuro de Moisés

Números 26

Moisés disse ao Senhor:

- Quando os egípcios ouvirem isso, dirão: "Deus os matou no deserto. Perdoe-os".

Deus disse:

- Eu perdoei como vocês pediram; mas, como Eu existo, nenhum dos homens que viu Minhas maravilhas e não Me escutou verá a terra prometida. Eu levarei Meu servo Calebe à terra para onde ele foi, e seus filhos tomarão posse dela. Mas seus filhos serão errantes por 40 anos e sofrerão por sua infidelidade.

52. As últimas palavras de Moisés

Deuteronômio 32

Quando Moisés envelheceu, ele disse a todos os israelitas:

- Estou com 120 anos. Já não posso ir e vir, e o Senhor me disse: "Você não atravessará o rio Jordão". Deus está indo antes de vocês. Ele destruirá aquelas nações antes de vocês e vocês os expulsarão. Josué está indo para guiá-los como Deus ordenou. Sejam corajosos e fortes.

53. Moisés vê a terra prometida

Deuteronômio 34

Moisés também chamou Josué e disse:

- Seja corajoso e forte, pois você deve levar o povo para a terra que o Senhor prometeu. Deus vai diante de você; Ele estará com você, e não falhará.

Então subiu Moisés nas planícies de Moabe ao monte Nebo, até o cume de Pisga, defronte de Jericó. Ali o Senhor mostrou-lhe toda a terra prometida e disse-lhe:

- Esta é a terra que prometi a Abraão, a Isaque e a Jacó, dizendo: "Eu a darei a seus filhos". Eu permiti vê-la, porém, você não irá até lá.

54. Moisés morre

Deuteronômio 34

E Moisés, servo do Senhor, morreu na terra de Moabe. Deus o enterrou em um vale profundo na terra de Moabe. Moisés tinha 120 anos quando morreu, mas seus olhos não estavam turvos nem perderam sua força. Os israelitas choraram por Moisés durante 30 dias. Josué, filho de Nun, estava cheio do espírito de sabedoria, pois Moisés havia colocado as mãos sobre ele. Os israelitas o escutaram.

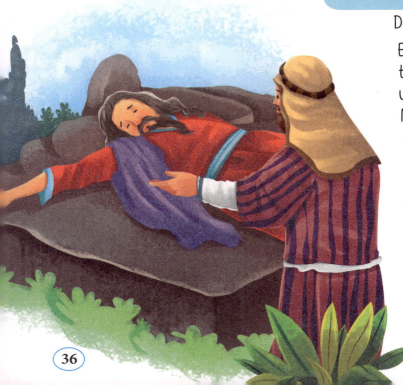

55. Atravessando o rio Jordão

Josué 1

Depois da morte de Moisés, Deus disse a Josué, o ajudante de Moisés:

- Moisés, meu servo, está morto. Agora, atravessem o Jordão até a terra que estou prestes a dar aos israelitas. Enquanto vocês viverem, ninguém será capaz de resistir a vocês. Como eu estava com Moisés, assim estarei com vocês. Eu não falharei. Seja corajoso e forte, pois você deve dar a este povo a terra que eu prometi a seus pais que daria. Não desvie nem para a direita, nem para a esquerda.

56. Josué comanda o povo

Josué 1

Josué deu a seguinte ordem aos oficiais:

- Passem por todo o acampamento e deem este comando: "Preparem a comida, pois, dentro de três dias, vocês atravessarão o rio Jordão, para entrar e tomar posse da terra que o Senhor, seu Deus, deu a vocês".

Secretamente, Josué enviou dois homens como espiões, com a ordem:

- Vão explorar a terra, especialmente Jericó.

Então eles foram, entraram na casa de uma mulher chamada Raabe e ficaram lá.

57. Na casa de Raabe

Josué 2

O rei de Jericó foi informado:

- Alguns homens vieram aqui para explorar a terra.

O rei de Jericó enviou seus homens até a casa de Raabe, os quais disseram:

- Traga os homens que entraram em sua casa, pois eles vieram explorar toda a terra.

A mulher, que tinha levado os dois homens e os escondido, disse:

- É verdade que alguns homens vieram até mim; porém, eu não sei de onde eles vieram. Mas eles foram embora.

Ela, no entanto, os havia escondido no telhado.

Então, os homens de Jericó saíram e o portão foi fechado.

58. Raabe recebe uma promessa

Josué 2

Raabe foi até eles no telhado e disse:

- Eu sei que Deus lhes deu a terra. Agora, já que eu os tratei com gentileza, por favor, também vocês tratem a minha família gentilmente e não nos matem.

Os homens disseram a ela:

- Nó os trataremos gentil e fielmente.

Então ela os ajudou a descer por uma corda pela janela de sua casa. Ela disse a eles:

- Vão para as colinas e se escondam por três dias. Depois, podem seguir seu caminho.

Os homens disseram a ela:

- Quando entrarmos na terra, ninguém entrará em sua casa.

59. A travessia do rio Jordão

Josué 2, 3

Quando eles se foram, Raabe amarrou a corda vermelha na janela para marcar sua casa, de forma que os israelitas não a ferissem e nem à sua família.

Os espiões foram para as colinas e ficaram lá por três dias. Então, os dois homens desceram das colinas, atravessaram o rio e foram até Josué. Josué disse ao povo:

- Santifiquem-se, pois amanhã o Senhor fará milagres entre vocês. Venham ouvir as palavras do Senhor, seu Deus.

Então, quando as pessoas deixaram suas tendas para atravessar o rio Jordão, as águas foram represadas e muralhas se ergueram a uma grande distância do rio até a cidade de Adão.

39

60. As 12 pedras

Josué 4

Os sacerdotes que carregavam a arca da aliança permaneceram firmes em terra seca no meio do Jordão. Todos os israelitas passaram sobre a terra seca, até que toda a nação completou a travessia do Jordão. Depois de terem atravessado, Deus disse a Josué:

- Diga-lhes que tirem 12 pedras do meio do Jordão, que as carreguem e as deitem no acampamento, onde vocês passarão a noite.

Os israelitas fizeram como Josué ordenou. Depois, as águas do Jordão voltaram ao seu lugar.

61. A marcha ao redor da cidade

Josué 6

Jericó havia fechado seus portões por causa dos israelitas. Ninguém entrava nem saía. O Senhor disse a Josué:

- Eu dei Jericó a vocês. Marchem ao redor da cidade por seis dias; no sétimo, façam o ataque.

Josué disse ao povo:

- Marchem pela cidade e deixem os homens armados passarem diante da arca de Deus. Quando eu lhes disser "deem o grito de guerra", então vocês devem gritar!

62. O plano para tomar a cidade

Josué 6

No sétimo dia, Josué disse ao povo:

- Deem o grito de guerra. A cidade será sacrificada; apenas Raabe e a família do pai dela viverão.

Então o povo deu o grito de guerra e a muralha caiu. Eles foram direto para a cidade e a tomaram. Josué poupou a vida de Raabe e da família do pai dela. Em seguida, partiu com guerreiros para Ai. Ele selecionou trinta mil soldados e disse:

- Escondam-se em algum lugar, mas estejam prontos para agir. Eu e todas as pessoas fugiremos. Eles sairão atrás de nós. Então vocês se levantarão e tomarão a cidade. Quando vocês a tomarem, coloquem fogo.

63. A tomada de posse de Ai

Josué 8

Josué os enviou e eles foram ao lugar que deveriam ir. Josué reuniu o povo e foi, diante dele, para Ai. Os homens da cidade saíram para lutar contra os israelitas, mas o rei não sabia que os homens estavam escondidos atrás da cidade para atacá-lo. Josué e os israelitas fugiram e o povo os perseguiu. Eles deixaram a cidade desprotegida. Os homens que estavam escondidos saíram de seus lugares e incendiaram a cidade. Quando os homens de Ai olharam para trás, viram a fumaça da cidade e não tiveram chance de fugir dos israelitas, que se voltaram contra eles.

64. Débora e Baraque

Juízes 4

Mais tarde, Sísera, que tinha novecentos carros de ferro, oprimiu os israelitas durante vinte anos. Então a profetisa Débora, mulher de Lapidote, libertou Israel. Ela costumava sentar-se sob uma palmeira entre Ramá e Betel, na região montanhosa de Efraim, e os israelitas iam até ela para que ela decidisse suas disputas. Ela chamou Baraque, o filho de Abinoão, e disse-lhe:

- O Senhor, o Deus de Israel, está lhe dando esta ordem: "Vai, marcha até o monte Tabor e leva contigo dez mil dos filhos de Naftali e dos filhos de Zebulom. Então atrairei Sísera e o entregarei em tuas mãos".

65. Sísera chega a Quisom

Juízes 4

Baraque disse:

- Se você for, eu vou.

Ela respondeu:

- Eu irei, mas você não ficará com as honras da vitória, pois o Senhor entregará Sísera nas mãos de uma mulher.

Então Débora foi com Baraque para Quedes. Baraque chamou os zebulonitas e os naftalitas em Quedes e dez mil homens o seguiram; Débora foi com ele. Ora, Heber, o queneu, deixou os queneus, descendentes de Horabes, cunhado de Moisés, e armou a sua tenda perto de Quedes. Quando Sísera soube que Baraque tinha ido ao monte Tabor, reuniu seus carros de ferro e seu povo no rio Quisom.

66. Os midianitas conquistam os israelitas

Juízes 4, 6

Débora disse a Baraque:

- Levante-se! Vá agora, porque é hoje que o Senhor lhe dará a vitória sobre Sísera.

Baraque desceu o Monte Tabor seguido por dez mil homens; e no ataque dos espadachins de Baraque, Sísera desceu de seu carro e fugiu a pé. Baraque perseguiu as carruagens e todo o exército de Sísera foi destruído.

Com o passar do tempo, os midianitas conquistaram os israelitas. Para escapar, os israelitas fizeram covas nas montanhas. Os israelitas clamavam a Deus por ajuda. Então, o anjo do Senhor veio até Gideão e disse:

- Deus está com você, guerreiro valoroso!

Gideão disse a ele:

- Se Deus está conosco, por que tudo isso nos sobreveio? Por que Deus nos deu nas mãos dos midianitas?

67. Deus e Gideão

Juízes 6

O Senhor apareceu diante dele e disse:

- Vá e salve Israel do governo dos midianitas.

Gideão disse a Ele:

- Ó Senhor, como posso salvar Israel? Veja, minha família é a mais pobre de Manassés e eu sou o mais novo da casa de meu pai.

O Senhor disse-lhe:

- Estou com você e você vai derrubar os midianitas.

Então o espírito de Deus tomou posse de Gideão. Os abiezritas se reuniram sob sua liderança. Os manassitas, os aseritas, os zebulonitas e os naftalitas subiram para se juntar a ele.

Deus disse a Gideão:

- Você tem muitas pessoas; proclame: "Quem tem medo pode ir para casa".

68. Gideão seleciona os homens

Juízes 7

Gideão separou-os. Vinte e dois mil voltaram para casa, mas dez mil ficaram. O Senhor disse-lhe:

- As pessoas ainda são demais; leve-as até a água. Cada um dos quais eu disser a você: "Este irá com você", irá com você.

Então Gideão levou as pessoas para a água. O Senhor disse-lhe:

- Você deve colocá-las para beber a água. Somente aqueles que lamberem a água como fazem os cachorros vão com você. Deixe todo o resto das pessoas irem para casa.

Gideão mandou para casa todos os outros israelitas, mantendo apenas os 300 homens. Assim, Gideão cruzou o Jordão com os homens.

69. Gideão pede comida

Juízes 8

Ele disse aos homens de Sucote:

- Dê pão para as pessoas que me seguem, pois elas estão fracas e eu estou perseguindo Zeba e Zalmuna, os reis de Midiã.

Mas eles disseram:

- Ainda estão em seu poder Zeba e Zalmuna? Por que deveríamos dar pão às suas tropas?

Gideão respondeu:

- Quando Deus entregar Zeba e Zalmuna em minhas mãos, por esse insulto eu rasgarei sua carne nua com espinhos e abrolhos do deserto.

Ele prosseguiu de lá e fez o mesmo pedido aos homens de Peniel, mas eles deram a mesma resposta. Para os homens de Peniel, ele também disse:

- Quando eu voltar triunfante, destruirei esta fortaleza.

70. O plano de Gideão

Juízes 7

Zeba e Zalmuna estavam em Carcor. Seus quinze mil homens estavam com eles. Gideão dividiu os 300 homens em três grupos. Ele colocou chifres e jarros de barro vazios em suas mãos. Em cada jarro havia uma tocha. Ele também lhes disse:

- Olhem-me e façam o que eu faço. Quando eu chegar ao acampamento, aqueles que estão comigo soprarão o chifre, então vocês também soprarão seus chifres em todos os lados do acampamento e gritarão: "Por Deus e Gideão!".

Gideão e os 100 homens chegaram ao acampamento, tocaram os chifres e quebraram os jarros.

71. Gideão vence

Juízes 7, 8

Os outros dois grupos também quebraram seus jarros. Eles pegaram suas tochas e espadas e gritaram:

- À espada de Deus e de Gideão!

Enquanto estavam de pé, todo o bando fugiu. Zeba e Zalmuna também fugiram; mas Gideão capturou os dois reis de Midiã. Quando Gideão retornou da batalha, ele capturou um jovem que morava em Sucote. Gideão escreveu para ele o nome dos governantes de Sucote e seus principais homens. Havia 77. Quando Gideão chegou aos homens de Sucote, disse:

- Veja, aqui estão Zeba e Zalmuna.

Então ele os espancou. Ele também derrubou a fortaleza de Peniel.

72. Gideão mata os reis

Juízes 8

Gideão perguntou a Zeba e a Zalmuna:

- Como eram os homens que vocês mataram em Tabor?

Eles responderam:

- Eles eram como você. Cada um tinha o porte de um príncipe.

Gideão disse:

- Aqueles homens eram meus irmãos.

Então ele disse a Jéter, seu filho mais velho:

- Mate-os.

Porém, Jéter teve medo e não desembainhou a espada, pois era muito jovem.

Zeba e Zalmuna disseram:

- Venha, mate-nos você mesmo!

Gideão se levantou e matou Zeba e Zalmuna. Depois, os israelitas disseram a Gideão:

- Reine sobre nós, pois você nos salvou do poder dos midianitas.

73. Os israelitas dão anéis de ouro

Juízes 8

Gideão disse-lhes:

- Eu não reinarei sobre vocês, nem meu filho. O Senhor reinará sobre vocês; mas só lhes faço um pedido: que cada um de vocês me dê um brinco.

Eles responderam:

- Certamente os daremos.

Então estenderam uma capa. Cada homem colocou sobre ela um brinco tirado de seus despojos. Gideão usou o ouro para fazer um manto sacerdotal, que ele colocou em sua cidade, em Ofra. Gideão morreu em idade avançada e foi sepultado no túmulo de Joás, em Ofra dos Abiezritas.

74. Jefté é chamado

Juízes 11

Jefté, o gileadita, era um guerreiro valoroso. Ele foi expulso de sua casa e habitou na terra de Tobe. Depois de um tempo, os amonitas fizeram guerra contra os israelitas. Então os anciãos de Gileade foram buscar Jefté. Eles disseram:

- Venha e seja o nosso chefe em nossa luta contra os amonitas.

Mas Jefté disse:

- Vocês não são os homens que me odiavam? Por que vocês vêm a mim agora, quando estão em aperto? Se vocês me levarem de volta para combater contra os amonitas, e o Senhor me der a vitória sobre eles, então eu serei seu chefe?

Os anciãos responderam:

- O Senhor será testemunha entre nós.

75. A promessa tola de Jefté

Juízes 11

Jefté foi com os anciãos de Gileade, e o povo o pôs como chefe e príncipe. Jefté também fez esta promessa ao Senhor:

- Se você me ajudar a vencer a guerra, então quem quer que saia pela porta da minha casa para me encontrar, eu oferecerei aquela em sacrifício.

Então, o Senhor deu-lhe a vitória sobre os amonitas. Mas, quando ele chegou a sua casa em Mizpá, sua filha estava saindo para encontrá-lo. Ela era sua única filha. E, quando ele a viu, rasgou as roupas e disse:

- Minha filha! Eu fiz uma promessa ao Senhor e não posso quebrá-la.

76. O luto de Mizpá

Juízes 11

E ela lhe disse:

- Faça de mim conforme o que você prometeu; pois o Senhor o vingou dos seus inimigos, os amonitas. Mas me poupe dois meses, para que eu possa sair às montanhas e lamentar, porque nunca me tornarei esposa e mãe.

Ele disse:

- Vá.

Então ele a mandou embora por dois meses e ela lamentou nas montanhas. Ao final de dois meses, ela retornou ao pai, que fez o que havia prometido.

Hoje em dia, é costume em Israel que todos os anos as mulheres israelitas saiam por quatro dias para lamentar a morte da filha de Jefté, o gileadita.

77. Nasce Sansão

Juízes 13, 14

Havia um certo homem de Zora, do clã dos danitas. Seu nome era Manoá. Ele e sua esposa não tiveram filhos. O anjo do Senhor apareceu à mulher e disse:

- Você está prestes a ter um filho. Nenhuma navalha será usada sobre a cabeça do seu filho, pois desde o nascimento o menino pertencerá a Deus.

A mulher teve um filho e pôs nele o nome de Sansão.

Certa vez, Sansão desceu à Timnate e viu uma filisteia. Quando voltou, disse aos seus pais:

- Eu vi uma mulher filisteia em Timnate, das filhas dos filisteus; agora, pois, tomem-na por minha mulher.

78. Sansão escolhe uma esposa

Juízes 14

Mas seu pai e sua mãe disseram:

- Não há, porventura, mulher em sua própria tribo, por que você quer tomar uma mulher dos filisteus?

Sansão disse:

- Consiga-a para mim, porque ela agrada aos meus olhos.

Então Sansão foi com seu pai e sua mãe à Timnate; e assim que chegaram às vinhas de Timnate, um leão forte veio rugindo na direção dele. O espírito do Senhor se apossou de Sansão e ele despedaçou o leão. Isso, porém, não contou aos seus pais.

Então ele desceu e conversou com a mulher, e ela agradou aos olhos de Sansão.

79. Sansão dá um banquete

Juízes 14

Quando ele voltou para se casar com ela, virou-se para ver o leão, e havia um enxame de abelhas e mel em sua carcaça. Ele raspou o mel e prosseguiu. Ele também deu um pouco para os seus pais. Sansão desceu até a mulher e deu um banquete lá.

Quando os filisteus o viram, trouxeram-lhe 30 camaradas. Sansão disse:

- Deixe-me agora dar-lhes um enigma para decifrarem. Se conseguirem decifrá-lo dentro dos sete dias das bodas, lhes darei 30 lençóis de linho fino e 30 mudas de roupas; mas, se não conseguirem decifrar, então vocês me darão 30 lençóis de linho fino e 30 mudas de roupas.

Eles disseram para Sansão:

- Diga-nos o enigma a ser decifrado.

80. O mistério de Sansão

Juízes 14

Sansão falou o enigma:

- Do comedor saiu comida, e do forte saiu doçura.

Durante três dias, os homens não conseguiram resolver o enigma. No sétimo dia, eles disseram à esposa de Sansão:

- Provoque seu marido até ele nos dizer a resposta ou nós queimaremos você e a casa de seu pai.

A esposa de Sansão chorou e disse ao marido:

- Você deu um enigma para o meu povo e não me disse o que é.

Ela chorou diante dele enquanto durou a festa; então, no sétimo dia, ele disse a ela. Ela contou o enigma para seus compatriotas.

81. Sansão visita sua esposa

Juízes 14, 15

No sétimo dia, os homens da cidade disseram a resposta do enigma. Então o Espírito do Senhor tão poderosamente se apossou dele, que desceu aos ascalonitas e matou deles 30 homens; tomou as suas roupas e as deu aos que adivinharam o enigma. Porém, ele ficou muito irritado e voltou para a casa do pai. E a mulher de Sansão foi dada ao seu companheiro, que antes o acompanhava. Depois de algum tempo, na época da colheita do trigo, Sansão foi visitar sua mulher para lhe dar um presente e disse:

- Deixe-me entrar no quarto da minha mulher.

Porém, o pai dela não o deixou entrar.

82. Sansão se vinga

Juízes 15

O pai dela disse-lhe para levar a irmã mais nova. Mas Sansão foi e pegou 300 raposas. Ele as virou de cabeça para baixo e colocou uma tocha no meio de cada duas caudas. Ele as deixou entrar nos campos de cereais dos filisteus e elas queimaram tudo.

Os filisteus disseram:

- Quem fez isso?

A resposta foi:

- Sansão, genro do timnita, porque lhe tomou a sua mulher e a deu a seu companheiro.

Então os filisteus subiram e queimaram, a fogo, a mulher e o seu pai.

Então Sansão disse-lhes:

- Não vou parar até que eu tenha me vingado de vocês!

Ele lutou ferozmente e matou muitos deles. Ele morava em uma caverna em um penhasco.

83. Sansão faz como outros fizeram com ele

Juízes 15

Os filisteus subiram e acamparam em Judá. Eles queriam amarrar Sansão. Então três mil homens de Judá desceram à caverna no penhasco de Etã e disseram a Sansão:

- Você não sabe que os filisteus são nossos governantes? Por que você fez isso conosco?

Ele respondeu:

- Assim como eles fizeram a mim, eu fiz a eles.

Eles disseram a Sansão:

- Nós viemos amarrá-lo, para entregá-lo aos filisteus.

Amarraram-no com duas cordas novas e trouxeram-no do penhasco. Quando ele chegou a Leí, os filisteus comemoraram. Então, o Espírito do Senhor poderosamente se apossou dele, e as cordas derreteram em suas mãos. Ele achou uma queixada fresca de um jumento, estendeu a sua mão, tomou-a e feriu com ela mil homens.

84. Dalila engana Sansão

Juízes 16

Mais tarde, Sansão se apaixonou por outra mulher. Seu nome era Dalila. Os governantes dos filisteus disseram-lhe:

- Convença-o e descubra em que consiste sua grande força e como podemos derrotá-lo. Cada um de nós lhe dará 1100 moedas de prata.

Dalila perguntou a Sansão. Sansão disse a ela:

- Se me amarrassem com sete vergas de vimes frescos que ainda não estivessem secos, então me enfraqueceria e seria como qualquer outro homem.

Os governantes dos filisteus trouxeram-lhe sete vergas de vimes verdes que não haviam secado, e ela o amarrou com essas vergas. Mas as sete vergas de vimes se partiram quando os filisteus vieram capturá-lo.

85. Dalila conhece o segredo

Juízes 16

Dalila disse a Sansão:

- Você me enganou e mentiu para mim.

Mais uma vez, Sansão contou-lhe uma mentira sobre como dominá-lo. Sansão mentiu de novo e de novo. Então ela disse a ele:

- Como você pode dizer "eu te amo", se você não confia em mim? Você já me enganou três vezes e não me contou o segredo de sua grandiosa força.

Visto que ela lhe implorava e insistia diariamente, ele disse:

- Nunca passou uma navalha pela minha cabeça, porque sou nazireu de Deus desde o meu nascimento; se fosse rapado o cabelo de minha cabeça, a minha força desapareceria e eu ficaria fraco como qualquer outro homem.

86. Dalila engana Sansão novamente

Juízes 16

Dalila chamou os governantes dos filisteus e disse:

- Venham imediatamente, pois ele me contou tudo o que sabe.

Os governantes dos filisteus foram até ela e levaram o dinheiro com eles. Depois que ela colocou Sansão para dormir em seu colo, ela chamou um homem e o fez raspar as sete tranças na cabeça dele. Então ela disse:

- Os filisteus estão vindo, Sansão!

Ele acordou e não sabia que Deus havia se retirado dele. Os filisteus agarraram-no, arrancaram-lhe os olhos, levaram-no a Gaza e amarraram-no com correntes de bronze, e ele foi posto para girar um moinho na prisão.

87. Sansão ora

Juízes 16

Os filisteus se reuniram para oferecer um grande sacrifício. Eles disseram:

- Chamem Sansão, para que ele possa nos divertir.

Então, eles chamaram Sansão da prisão e o colocaram entre os pilares. Sansão disse ao jovem que o segurava:

- Guie-me para que apalpe as colunas em que se sustém a casa, para que me encoste a elas.

A casa estava cheia de homens e mulheres. Todos os governantes dos filisteus estavam lá. Sansão clamou ao Senhor e disse:

- Ó Senhor, fortaleça-me, peço, só desta vez, para vingar a perda dos meus dois olhos.

88. Sansão se vinga

Juízes 16

Sansão pegou as duas colunas do meio, em que se sustinha a casa, e arrimou-se sobre elas. Sansão disse:

- Deixe-me morrer com os filisteus.

Então ele se inclinou com todas as suas forças e a casa caiu sobre os governantes e todo o povo. E seus familiares desceram, pegaram-no e subiram com ele, e sepultaram-no entre Zorá e Estaol, no sepulcro de Manoá, seu pai.

89. Noemi e Rute

Rute 1

Certa vez, houve um período de fome. Elimeleque, de Belém de Judá, levou sua esposa Noemi e os dois filhos Malom e Quilion para morarem em Moabe. Depois que Elimeleque morreu, Noemi ficou sozinha, com seus dois filhos. Os filhos se casaram com mulheres moabitas, uma chamada Orfa e a outra chamada Rute. Depois de terem morado lá por quase dez anos, Noemi ficou sem os filhos. Ela partiu com suas noras para Judá. Noemi disse a suas noras:

– Vão! Retornem para a casa de sua mãe. Que o Senhor seja leal com vocês.

Mas elas disseram:

– Não! Voltaremos com você.

Noemi disse:

– Voltem, minhas filhas! Por que viriam comigo?

Orfa deu um beijo de despedida, mas Rute ficou com ela.

90. Rute faz planos em Belém

Rute 1, 2

Noemi disse:

– Veja, sua concunhada está voltando para o povo dela.

Rute respondeu:

– Não insista comigo que eu a deixe. Onde você morrer, eu morrerei; e ali serei sepultada.

Quando Noemi percebeu que Rute estava decidida, parou de insistir para que voltasse. Elas viajaram para Belém. Quando chegaram lá, Noemi disse-lhe para chamá-la de Mara.

Noemi tinha um parente por parte do marido, um homem rico chamado Boaz. Rute disse a Noemi:

– Vou ao campo para recolher espigas daquele que me permitir.

Noemi disse a ela:

– Vá, minha filha.

91. Boaz fala com Rute

Rute 2

Então ela foi e começou a recolher espigas atrás dos ceifeiros. Casualmente, entrou justo na parte da plantação que pertencia a Boaz. Ele disse ao seu servo:

- A quem pertence aquela moça?

O servo respondeu:

- É uma donzela moabita que voltou com Noemi.

Boaz disse a Rute:

- Ouça bem, minha filha, não vá colher noutra lavoura, nem se afaste daqui. Eu disse aos rapazes para não incomodarem você. Quando estiver com sede, vá aos potes e beba.

Ela inclinou-se e disse a ele:

- Por que você é tão gentil comigo?

92. Rute trabalha duro

Rute 2

Boaz respondeu:

- Contaram-me tudo o que você tem feito por sua sogra. Que o Senhor lhe retribua o que você tem feito!

Ao meio-dia, Boaz disse a ela:

- Venha cá e coma um pouco da comida.

Ela sentou-se ao lado dos ceifeiros; Boaz lhe ofereceu grãos tostados e ela comeu. Ela colheu na lavoura até o entardecer, depois debulhou o que tinha ajuntado; quase uma arroba de cevada. Então ela carregou a sua colheita para o povoado, e sua sogra viu quanto Rute havia recolhido quando ela lhe ofereceu o que havia sobrado de sua refeição.

93. Noemi diz para Rute ir até a área de debulho

Rute 2

Ela contou à sogra onde havia trabalhado e disse:

- O nome do homem com quem trabalhei hoje é Boaz.

Noemi disse a ela:

- Esse homem é um parente próximo nosso.

Rute recolheu espigas com as servas de Boaz e continuou morando com a sogra. Então Noemi disse:

- Hoje à noite, Boaz estará limpando cevada na eira. Tome banho, vista suas melhores roupas e desça até a eira. Quando ele for dormir, note bem o lugar em que ele se deitar. Então vá, descubra os pés dele e deite-se. Ele lhe dirá o que fazer.

Rute disse a ela:

- Farei tudo o que você está me dizendo.

94. Boaz promete ajudar

Rute 3

Então Rute desceu para a eira e fez exatamente o que sua sogra havia dito. Quando Boaz foi se deitar, Rute foi suavemente e deitou-se. À meia-noite, o homem disse:

- Quem é você?

Ela respondeu:

- Eu sou Rute, sua serva.

Boaz prometeu ajudá-la. Ela ficou deitada a seus pés até a manhã seguinte, mas se levantou antes que alguém pudesse dizer quem ela era. Então ele foi para a cidade. Quando Rute foi até a sogra, ela disse a Noemi:

- Ele me deu estas seis medidas de cevada, dizendo: "Não volte para a sua sogra de mãos vazias".

Noemi disse:

- Agora espere, minha filha, até saber o que acontecerá.

95. Boaz casa-se com Rute

Rute 4

Boaz foi até o portão e sentou-se. Nesse momento, um resgatador parou e também se sentou. Boaz disse a ele:

- Noemi está oferecendo para venda o pedaço de terra que pertenceu a Elimeleque. Se você resgatá-la, ela ficará na família.

- Eu a resgatarei - ele disse.

Então disse Boaz:

- No dia em que você resgatar a terra, também estará adquirindo a viúva de Malom, Rute, a moabita.

Diante disso, o resgatador respondeu:

- Nesse caso, não poderei resgatá-la. Resgate-a você mesmo.

Boaz comprou tudo o que era de Elimeleque. Boaz se casou com Rute e Deus deu-lhe um filho. Noemi pôs o menino no colo e passou a cuidar dele. Eles lhe deram o nome de Obede. Esse foi o pai de Jessé, pai de Davi.

96. Ana tem um filho

I Samuel 1

Elcana, um zufita, viveu em Ramá com suas duas esposas, Ana e Penina. Penina tinha filhos, porém Ana não tinha nenhum. No dia em que Elcana adorava e oferecia sacrifícios ao Senhor, dava porções a sua mulher Penina e aos filhos dela. Mas a Ana dava uma porção dupla, porque a amava, mesmo que o Senhor a tinha deixado estéril. Certa vez, depois de terem comido em Siló, Ana se levantou e parou diante do templo do Senhor e orou. Com o tempo, Ana teve um filho e chamou-o de Samuel. Elcana foi oferecer o sacrifício anual ao Senhor, mas Ana não foi. Ela disse:

- Depois que o menino for desmamado, eu o levarei e o apresentarei ao Senhor, e ele morará ali para sempre.

Então a mulher o desmamou. Depois ela o levou consigo ao templo do Senhor em Siló.

97. Samuel é chamado por Deus

I Samuel 2, 3

O menino ficou para servir a Deus sob a direção de Eli, o sacerdote. Ele cumpria os deveres de um sacerdote no templo. Ana fazia-lhe um pequeno manto e o levava a cada ano quando ela ia com o marido para oferecer o sacrifício anual. Ana teve mais três filhos e duas filhas. Enquanto isso, o menino Samuel crescia no templo do Senhor. Samuel cresceu. Ele continuou a servir a Deus sob a direção de Eli. Um dia, Eli estava deitado em seu quarto. Deus chamou Samuel.

98. Deus fala com Samuel

I Samuel 3

Eli disse a Samuel:

- Deite-se e diga: "Fale, Senhor".

Então Samuel foi e se deitou em seu lugar. Em seguida, o Senhor disse a Samuel:

- Estou prestes a fazer uma coisa em Israel. Executarei contra Eli tudo o que eu disse que faria à família dele. Pois eu disse a ele que puniria a família dele pelo crime do qual ele sabia que seus filhos eram culpados e não os impediu.

Samuel ficou deitado até de manhã; depois, abriu as portas do templo e contou tudo a Eli. Eli disse:

- É Deus; deixe-o fazer o que é bom.

99. A arca entre os filisteus

I Samuel 4

Naqueles dias, os israelitas foram derrotados pelos filisteus. Os líderes de Israel disseram:

- Vamos trazer a arca do nosso Deus de Siló. Ele pode então sair conosco e nos libertar de nossos inimigos.

Então o povo foi mandado a Siló e eles pegaram dali a arca de Deus. Quando chegou ao acampamento, todos os israelitas gritaram alto e o chão estremeceu. Os filisteus ouviram o som. Quando souberam que a arca de Deus havia chegado ao acampamento, ficaram com medo. Então os filisteus lutaram e Israel foi derrotado. O massacre foi muito grande e a arca de Deus foi tomada.

No mesmo dia, um benjamita das fileiras correu para Siló com suas roupas rasgadas. Quando o homem chegou e disse às pessoas da cidade, todos gritaram.

100. Eli morre

I Samuel 4, 5

Eli disse:

- O que significa esse tumulto?

Então o homem disse a Eli:

- Israel fugiu dos filisteus e muitas pessoas foram mortas, seus dois filhos estão mortos, e a arca do Senhor foi capturada.

Quando ele mencionou a arca de Deus, Eli caiu da cadeira para trás, quebrou o pescoço e morreu. Os filisteus pegaram a arca de Deus e a levaram ao templo de Dagom. Quando o povo de Asdode se levantou cedo no dia seguinte, a cabeça de Dagom e suas duas mãos estavam quebradas e somente seu corpo ficou no lugar. Deus puniu severamente o povo de Asdode.

101. Saul, o novo príncipe

I Samuel 5, 6, 9

Quando os homens de Asdode viram isso, disseram:

- A arca do Deus de Israel não ficará conosco.

Então levaram a arca do Deus de Israel para Gate. Por fim, mandaram a arca do Deus de Israel de volta a seu lugar. Havia um rico benjamita chamado Quis, que morava em Gibeá. Ele tinha um filho lindo chamado Saul. As jumentas de Quis, pai de Saul, extraviaram-se. Quis disse a Saul:

- Leve um dos servos com você e vá, procure as jumentas.

Eles não as encontraram.

61

102. Samuel encontra Saul

I Samuel 9

O servo de Saul falou que um homem de Deus poderia dizer o caminho. Saul disse ao servo dele:

- Seu conselho é bom; venha, vamos embora.

Então eles foram para a cidade onde o homem de Deus estava. Deus havia dito a Samuel no dia anterior à vinda de Saul:

- A essa hora amanhã, eu enviarei para vocês um homem da terra de Benjamim e você o ungirá para ser um príncipe sobre o meu povo de Israel. Ele livrará o meu povo do poder dos filisteus.

Quando Samuel viu Saul, Deus lhe disse:

- Este é o homem.

103. Samuel entrega uma mensagem para Saul

I Samuel 9

Samuel pegou Saul e seu servo, levou-os para a sala e os fez sentar. Saul comeu com Samuel naquele dia. Depois que desceram do alto para a cidade, Samuel disse a Saul:

- Diga ao servo para ir, mas você fica para a mensagem de Deus.

Samuel pegou um jarro de óleo, derramou sobre a cabeça de Saul e disse:

- O Senhor o ungiu como líder da herança dEle. Você deve governar o povo de Deus e libertá-lo de seus inimigos. As jumentas já foram encontradas, e seu pai está preocupado com vocês.

O povo fez de Saul seu governante.

104. Jônatas vai lutar

I Samuel 13, 14

Saul escolheu três mil homens dos israelitas. Dois mil ficaram com Saul e mil ficaram com seu filho Jônatas. Saul e seu filho Jônatas, juntamente com o povo que estava com eles, permaneceram em Gibeá, enquanto os filisteus acamparam em Micmás. Os filisteus saíram do acampamento. Naquele dia, Jônatas disse ao jovem que carregava sua armadura:

- Vamos ao destacamento filisteu.

Mas ele não contou ao pai. Seu escudeiro respondeu:

- Eu farei o meu melhor para ajudá-lo.

Quando ambos se mostraram aos filisteus, os filisteus disseram:

- Há hebreus.

Jônatas atacou-os.

105. Saul comete um erro

I Samuel 14

As sentinelas de Saul viram o grande exército filisteu se dispersando, correndo em todas as direções. Saul disse:

- Contem os soldados e vejam quem está faltando.

Quando eles procuraram, descobriram que Jônatas e seu escudeiro não estavam presentes.

Saul disse a Aías:

- Traga a arca de Deus aqui.

Então Saul e todo o povo foram para a batalha. Deus libertou Israel. Porém, Saul cometeu um grande erro naquele dia, pois impôs um juramento severo ao exército. Ele disse:

- Maldito seja todo aquele que comer antes do anoitecer, antes que eu tenha me vingado dos meus inimigos!

106. Jônatas desobedece à ordem de Saul

I Samuel 14

Agora havia mel no chão. Jônatas não sabia do juramento que seu pai havia imposto ao exército. Ele estendeu a ponta de uma vara, molhou-a no favo de mel e levou a mão à boca, sentindo-se revigorado. Então um deles disse:

- Seu pai impôs ao exército um juramento severo, dizendo: "Maldito seja todo aquele que comer hoje!".

Jônatas respondeu:

- Meu pai trouxe desgraça para nós. Veja como meus olhos brilham desde que provei um pouco deste mel.

Saul perguntou a Deus:

- Devo perseguir os filisteus?

Mas, naquele dia, Deus não lhe respondeu.

107. Saul encontra o culpado

I Samuel 14

Saul disse:

- Venham cá, todos vocês que são líderes do exército, e vamos descobrir que pecado foi cometido hoje.

Saul fez o exército lançar sortes entre ele e seu filho Jônatas. Jônatas foi indicado. Então, Saul disse a Jônatas:

- Diga-me o que você fez.

Jônatas disse a ele:

- Eu provei um pouco de mel com a ponta de minha vara. Estou pronto para morrer.

Saul disse:

- Que Deus me castigue com todo rigor, caso você não morra, Jônatas!

Mas todo o exército disse que havia feito o que Deus desejara naquele dia. Então, o exército salvou Jônatas da morte.

108. Davi procura Saul

I Samuel 16

Enquanto Saul viveu, houve guerra amarga contra os filisteus. Um espírito maligno, vindo da parte do Senhor, atormentava-o. Os servos de Saul disseram:

- Vamos encontrar um homem que saiba tocar harpa. Então, sempre que o espírito maligno vier sobre vocês, ele tocará a harpa.

Saul disse aos servos:

- Encontrem alguém que toque bem e tragam-no até aqui.

Um deles disse:

- Conheço um filho de Jessé, de Belém.

Então Saul mandou buscá-lo. Jessé apanhou um jumento e o carregou de pães, uma vasilha de couro cheia de vinho e um cabrito e os enviou a Saul por meio de Davi, seu filho. Davi apresentou-se a Saul e passou a trabalhar para ele. Saul gostou muito dele e Davi tornou-se seu escudeiro.

109. O desafio de Golias

I Samuel 17

Os filisteus reuniram suas forças para a guerra. Saul e os homens de Israel estavam preparados, prontos para a batalha. Os filisteus ocuparam uma colina e os israelitas outra, estando o vale entre eles. Então, um guerreiro chamado Golias veio do acampamento filisteu. Ele tinha cerca de dois metros e noventa centímetros de altura. Ele se levantou e gritou:

- Escolham um homem para lutar comigo. Se ele puder lutar e me vencer, nós seremos seus escravos.

110. Davi luta com Golias

I Samuel 17

Todos os israelitas estavam aterrorizados. Davi disse a Saul:

- Eu lutarei contra este filisteu.

Saul disse a Davi:

- Você é apenas um rapaz.

Mas Davi disse a Saul:

- O Senhor, que me livrou das garras do leão e das garras do urso, me livrará das mãos desse filisteu.

Então Saul disse a Davi:

- Vá, e que o Senhor esteja com você.

Saul vestiu Davi com sua própria túnica, colocou uma armadura nele e pôs um capacete de bronze em sua cabeça. Davi prendeu sua espada sobre a túnica e tentou andar, pois não estava acostumado com aquilo. Porém, ele não conseguiu e resolveu tirar tudo. Então pegou seu cajado, escolheu no riacho cinco pedras lisas, colocou-as no alforje. Ele pegou sua atiradeira na mão e aproximou-se do filisteu.

111. Davi derrota Golias

I Samuel 17

Quando o filisteu viu Davi, disse:

- Por acaso sou um cão, para que você venha contra mim com pedaços de pau?

David respondeu:

- Você vem contra mim com espada, com lança e com dardos, mas eu vou contra você em nome do Senhor dos Exércitos.

Quando o filisteu atacou Davi, ele enfiou a mão no alforje e pegou uma pedra, atingindo o filisteu na testa. A pedra afundou na testa dele e ele caiu no chão. Davi correu, pôs os pés sobre ele e, desembainhando a espada do filisteu, matou-o, cortando a cabeça dele com ela. Quando os filisteus viram que o seu guerreiro estava morto, recuaram e fugiram.

112. O ciúme mesquinho de Saul

I Samuel 18

Quando os israelitas e Davi voltavam para casa, depois que Davi matou o filisteu, as mulheres saíram de todas as cidades de Israel para celebrar a vitória, com cânticos e danças. Saul ficou muito irritado e disse:

- Para Davi, eles dão crédito!

Então Saul ficou de olho em Davi daquele dia em diante. Em tudo o que fazia, Davi agia com sabedoria e tinha sucesso. Quando Saul percebeu que ele agia sabiamente, ficou com medo dele. Todos em Israel e em Judá gostavam de Davi. Mical, filha de Saul, também gostava de Davi. Isso foi dito a Saul. Ele ficou satisfeito e disse:

- Eu a darei a ele, para que lhe sirva de armadilha, fazendo-o cair nas mãos dos filisteus.

113. Saul recebe Davi como genro

I Samuel 18

Saul ordenou aos seus conselheiros:

- Digam a Davi secretamente: "Torne-se genro de Saul. O rei não quer outro preço pela noiva além de cem prepúcios de filisteus, para se vingar de seus inimigos".

Saul pensou que Davi seria morto por eles. Davi foi com seus homens e matou 100 filisteus; e Saul lhe deu em casamento sua filha Mical. Então Saul soube que Deus estava com Davi e que todos em Israel o amavam. Saul ordenou a seu filho Jônatas e a seus servos que matassem Davi. Porém, Jônatas gostava de Davi. Saul ouviu Jônatas e desistiu. Em seguida, Jônatas levou Davi até Saul e Davi voltou a servir a Saul como anteriormente.

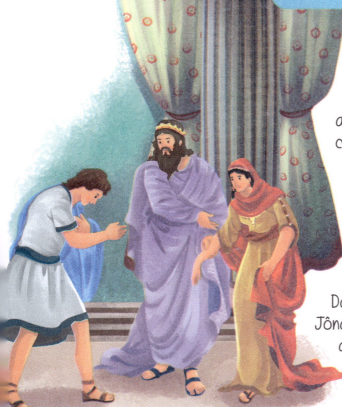

114. Saul tenta matar Davi

I Samuel 19

Houve guerra novamente, e Davi foi e lutou. Saul tentou matar Davi, mas ele escapou.

Saul enviou mensageiros para a casa de Davi, para matá-lo de manhã. Mas Mical, a esposa de Davi, fez com que ele descesse pela janela; e ele escapou. Então Mical pegou um ídolo do clã e o deitou na cama. Saul havia enviado os mensageiros para a casa de Davi com a seguinte ordem:

- Tragam-no até aqui em sua cama, para que eu o mate.

Quando os mensageiros chegaram, havia o ídolo do clã na cama. Saul disse para Mical:

- Por que você me enganou desse modo e deixou que o meu inimigo escapasse?

115. A amizade entre Davi e Jônatas

I Samuel 20

Davi saiu, encontrou Jônatas e disse:

- O que foi que eu fiz para que seu pai queira tirar a minha vida?

Jônatas respondeu:

- Você não será morto!

Davi respondeu:

- Seu pai sabe que você gosta de mim.

Jônatas disse:

- O que você deseja que eu faça por você?

Davi respondeu:

- Deixe-me ir, vou me esconder no campo até a noite. Se seu pai sentir falta de mim, então diga: "Davi insistiu comigo que lhe permitisse ir a Belém, por causa do sacrifício anual". Se ele ficar irritado, então você saberá que ele está planejando me prejudicar.

Jônatas disse:

- Eu contarei a você.

116. Saul fica irritado

I Samuel 20

Davi escondeu-se no campo e, quando a festa da lua nova chegou, Saul sentou-se à mesa. Jônatas sentou-se à sua frente. Jônatas disse:

– Davi me pediu permissão para ir a Belém. Por isso, ele não veio à mesa do rei.

A ira de Saul se acendeu contra Jônatas e ele lhe disse:

– Enquanto o filho de Jessé viver, nem você nem seu reino serão estabelecidos. Agora, mande chamá-lo e traga-o a mim!

Jônatas viu que seu pai estava mesmo decidido a matar Davi. Na manhã seguinte, Jônatas entrou no campo, deu um sinal que Davi entendeu e, assim, Davi partiu.

117. Davi torna-se rei

2 Samuel 5, 6, 7

Saul foi derrotado e ferido em sua última batalha contra os filisteus. Ele se matou. Após sua morte, a tribo de Judá escolheu Davi como rei. Ele fez de Jerusalém a capital. Ele desejava construir um templo no qual a arca de Deus pudesse ser colocada. Deus lhe disse que seu filho Salomão deveria construir o templo. Davi teve muitos filhos. Absalão era o seu favorito. Mas a conduta dele era perversa. Ele levantou uma rebelião contra Davi, para conquistar a coroa. Davi fugiu para o deserto. O bom rei lutou uma batalha com ele. Absalão foi derrotado. Um dos exércitos de Davi foi até ele e o matou. Davi chorou.

118. Salomão é coroado rei

I Reis I

Os problemas de Davi não acabaram. Primeiro a fome e depois a peste - pela qual morreram 70 mil pessoas - afligiram o seu reinado. E, quando ele estava velho e fraco, seu filho Adonias estabeleceu-se para ser rei, depois de seu pai, em vez de Salomão. O povo reconheceu-o como rei. Davi chamou Natã, o sacerdote; Zadoque, o profeta; e Benaia, capitão da sua guarda, e ordenou-lhes que pegassem Salomão e o proclamassem rei sobre Israel. Mas Salomão mandou chamar Adonias, prometendo-lhe segurança. Então Adonias veio e fez uma homenagem ao seu irmão. Logo depois disso, Davi morreu e foi sepultado em Jerusalém.

119. O julgamento de Salomão

I Reis 3

Salomão era um rei sábio. Um dia, duas mulheres vieram e se puseram perante ele. Uma delas contou que as duas moravam em uma casa. Uma tinha perdido o filho e a outra o tinha roubado. De manhã, a mulher que roubara disse que não desistiria da criança. Salomão disse a seu soldado para dividir a criança em duas e dar metade para cada uma das mulheres. A mulher falsa não fez objeção, mas a mãe verdadeira chorou. O rei logo soube a verdade, então disse:

- Dê a ela a criança, pois ela é mãe.

O povo de Israel sabia que Deus dera sabedoria a Salomão para que ele fizesse justiça.

120. A rainha de Sabá visita Salomão

1 Reis 7, 10, 11; 2 Crônicas 9

Salomão tinha tesouros de ouro e prata. Seu povo também era rico e feliz. Salomão adorava a Deus. Salomão construiu um templo dos materiais mais ricos. O templo foi colocado no Monte Moriá. Quando terminou, Salomão dedicou-o a Deus. A rainha de Sabá chegou a Jerusalém com presentes para o grande rei. Ela disse ao rei que, antes de ir, não acreditava no que lhe haviam dito. Salomão deu-lhe presentes caros. Quando Salomão ficou mais velho, em vez de servir e adorar a Deus, ele começou a adorar falsos deuses. Deus deixou que os problemas viessem sobre ele e seu reino.

121. Elias restaura o filho da viúva

1 Reis 17

Elias estava com a viúva de Sarepta quando o filho dela morreu. Em sua angústia, ela contou isso a Elias. Ele orou a Deus. Deus ouviu sua oração e trouxe a criança à vida novamente. Deus disse para Elias ir e apresentar-se a Acabe. Elias encontrou Obadias e pediu-lhe que dissesse ao seu mestre onde ele poderia encontrá-lo. Obadias foi dizer-lhe. Quando Acabe encontrou Elias, perguntou por que ele incomodava Israel. Elias disse para reunir todos os sacerdotes de Baal no Monte Carmelo, onde ele ofereceria sacrifício a Deus, e eles a Baal. O Deus cujo sacrifício fosse consumido pelo fogo seria o verdadeiro Deus. Apenas o sacrifício de Elias foi consumido.

122. Elias é levado aos céus

2 Reis 2

Elias retornou com Acabe para Jizreel, um belo lugar onde o rei tinha um palácio. Jezabel ameaçou matar o profeta; então ele fugiu de Israel para o reino de Judá. Nesse local, ele deixou seu servo e foi para o deserto, caminho de um dia. Lá, ele se deitou para dormir debaixo de um zimbro e implorou a Deus para deixá-lo morrer. Enquanto ele dormia, um anjo o tocou e lhe deu comida e bebida. Uma segunda vez que o anjo o tocou, Deus apareceu para ele de uma maneira maravilhosa. Chegou a hora de Deus levar Elias para o céu. Elias foi separado de seu seguidor, Eliseu.

123. Uma rainha dominadora

2 Crônicas 21

Quando Josafá morreu, seu filho mais velho, Jeorão, tornou-se rei em Judá. Sua esposa era Atália, filha de Acabe e Jezabel, e eles fizeram muitas coisas más. Jeorão matou todos os seus irmãos para obter as riquezas de seu pai. Ele construiu lugares nas montanhas de Judá e em Jerusalém para a adoração de Baal. Quando ele morreu, depois de governar por oito anos, seu filho, Acazias, tornou-se o governante. Ele também era muito ruim. Quando ele foi morto, sua mãe se tornou rainha e teve os netos mortos.

124. O menino Joás

2 Crônicas 22

Porém, um dos netos - um bebê minúsculo chamado Joás - escapou. Ele foi mantido escondido por anos, em um conjunto de câmaras construídas em volta do templo. Atália se tornou a rainha. Ela estabeleceu a adoração de Baal novamente. Joás permaneceu escondido no templo por seis anos. Ele recebeu ensinamentos sobre Deus e suas leis pela tia dele e o marido dela, que era o sumo sacerdote do templo. Finalmente, o sumo sacerdote do templo decidiu que a única maneira de salvar a nação inteira da destruição seria colocando o jovem príncipe no trono.

125. Joás, o rei menino

2 Crônicas 24

O sumo sacerdote fazia seus planos. Ele chamou, juntos, os guardas e os soldados do templo. Deu-lhes armas que tinham sido escondidas por Davi no templo. Então ele proclamou Joás como rei. Atália ficou muito zangada, mas já era tarde demais. Ela foi expulsa do templo (e morta). Joás foi um bom rei. Ele restaurou o templo e trouxe o povo de volta à adoração de Deus. Joás tinha apenas sete anos quando se tornou rei e ele reinou 40 anos em Jerusalém.

126. A cidade de Assíria

2 Crônicas 28

Durante os anos em que Eliseu foi o profeta em Israel, os sírios eram uma nação forte. Eles tiveram guerras com os israelitas. Depois que Eliseu morreu, os sírios enfraqueceram e não perturbaram mais Israel. Então, um novo inimigo surgiu do Extremo Oriente. Ele era um rei assírio. Os israelitas estavam começando a temê-lo. Nínive era a capital da Assíria e a casa desse grande rei. Milhares de pessoas viviam nela. Essas pessoas não serviam ao verdadeiro Deus, mas adoravam ídolos. Eles eram maus e Deus pensava em destruir todos eles.

127. O profeta Jonas

Jonas 1

Deus tinha conhecimento de que o povo de Nínive não sabia sobre ele, visto que nenhum profeta jamais estivera lá para contar-lhes. Então, ele decidiu enviar-lhes um profeta de Israel para lhes dizer que sua cidade seria destruída por causa de seus pecados. Jonas foi o profeta que Deus escolheu. Jonas sabia que os assírios eram inimigos dos israelitas e achou que seria melhor se eles não tivessem a chance de se arrepender de seus pecados. Jonas pensou: "Não irei a Nínive. Vou pegar um navio e navegar para o oeste, em vez de ir para o leste".

128. Jonas no mar

Jonas 1

Jonas desceu ao mar e encontrou um navio. Ele começou a ir para uma cidade chamada Társis, a oeste. Ele achou que estava bastante seguro e caiu no sono. Mas Deus sabia tudo sobre os planos de Jonas. Ele não desejava que seu profeta O desobedecesse. Então, enviou uma tempestade. Os marinheiros ficaram assustados. O capitão encontrou Jonas dormindo; ele o acordou e disse-lhe que pedisse a ajuda de Deus. A tempestade continuou a se enfurecer. Os marinheiros decidiram que um deles era a causa do problema, então decidiram lançar sortes e a sorte caiu sobre Jonas.

129. Jonas é lançado ao mar

Jonas 1, 2

Os marinheiros perguntaram:

- Quem é você?

Jonas disse-lhes que ele era de Israel e que adorava o Deus que havia feito o mar e a terra. Os marinheiros não sabiam nada sobre Deus e achavam que ele estava zangado. Jonas disse que tentou fugir de Deus e que Deus enviou a tempestade. Jonas disse:

- Joguem-me na água e a tempestade terminará.

Eles o pegaram e o lançaram ao mar. Deus preparou um grande peixe. Ele engoliu Jonas e o carregou por três dias e três noites dentro de sua barriga antes de jogá-lo em terra. Agora, Jonas estava disposto a ir a Nínive.

130. Deus perdoa os assírios

Jonas 3

Quando Jonas entrou na cidade, ele começou a gritar:

- Dentro de 40 dias, Nínive será destruída!

Em todas as ruas, ele gritou. As pessoas ouviram sua mensagem. Elas nunca tinham visto um profeta. Algumas correram para contar ao rei e o rei ficou amedrontado. Ele vestiu-se de pano de saco. Ele ordenou ao povo que clamasse a Deus, para que poupasse a vida deles. Depois que Jonas terminou de pregar, ele foi para fora das grandes muralhas e esperou para ver o fogo cair do céu para queimar a cidade. Mas 40 dias se passaram e nenhum fogo caiu. O povo havia se arrependido de seus pecados, então Deus não destruiu sua cidade.

131. Jonas aprende uma lição

Jonas 4

Jonas ficou descontente. Ele temia que as pessoas o chamassem de falso profeta. Ele queria morrer. Deus fez nascer uma aboboreira em uma noite, e ela subiu por cima da cabeça de Jonas, para fazer-lhe sombra e proteger-lhe do calor do sol. Mas, no dia seguinte, Deus enviou um verme, o qual feriu a aboboreira e, por isso, ela secou. Jonas ficou muito infeliz. O Senhor disse:

- Você teve compaixão da aboboreira, na qual não trabalhou nem a fez crescer?

Jonas aprendeu que Deus olha para as pessoas de todas as nações, mesmo que elas não saibam como adorá-lo.

132. O triste fim do reino de Israel

2 Reis 17

O povo de Nínive acreditou no profeta de Deus e pediu a ele para que perdoasse seus pecados. Eles não foram destruídos. Mas o povo de Israel não acreditava nos fiéis profetas que Deus lhes enviara. Seus reis se recusaram a adorar a Deus. Muitos anos se passaram. 19 reis haviam governado Israel; muitas vezes, Deus ajudou os reis a saírem de problemas. Ainda assim, eles não levariam seu povo de volta à verdadeira adoração. Finalmente, Deus decidiu punir. Oséias era rei em Israel quando o grande exército assírio desceu, tomou posse e levou os israelitas como escravos.

133. Novo povo em Israel

2 Reis 17

Foi terrível a punição. O rei assírio pegou alguns pagãos de cidades do país oriental e os levou para Samaria. Ele os fez trabalhar nos campos. As novas pessoas em Israel eram idólatras. Os leões saíam da floresta e matavam alguns deles quando iam para os campos. Eles acreditavam que o Deus de Israel estava enviando leões. Eles pediram ajuda ao rei. Eles queriam aprender a adorar o Deus dos israelitas. O rei enviou um sacerdote dos israelitas. Ele contou ao povo sobre o verdadeiro Deus.

134. Ezequias, o rei bom

2 Reis 18

Todo o povo de Israel foi levado em cativeiro pelo rei da Assíria. Apenas a tribo de Judá permaneceu na terra prometida. Ezequias era o rei de Judá naquele tempo. O reino de Judá estava muito fraco. Ezequias começou a restaurar a verdadeira religião. Ele chamou os sacerdotes para limparem o templo. Em seguida, enviou convites para o povo na terra de Judá e Israel para a festa da Páscoa. Algumas pessoas riram. Eles adoravam ídolos por muito tempo e não se importavam em adorar o verdadeiro Deus. Mas muitos da terra de Judá vieram.

135. O trabalho de Ezequias

2 Reis 18

Ezequias destruiu os ídolos e ensinou seu povo a fazer o que é certo. O rei da Assíria tinha poder sobre Judá antes que Ezequias se tornasse rei. Ezequias ficou descontente por ter seu povo oprimido. Ele decidiu parar de pagar o dinheiro para o rei assírio. Ele construiu as muralhas de Jerusalém. Depois, reuniu um exército e se preparou para lutar contra os assírios. Mas o exército de Ezequias era muito pequeno. Os inimigos entraram na terra de Judá e tomaram uma cidade após a outra. Então eles marcharam em direção a Jerusalém. Os soldados não conseguiram mantê-los longe. Eles perderam a luta.

136. Ezequias pede ajuda a Deus

2 Reis 19

O rei da Assíria exigiu um imposto mais pesado. Ezequias levou todo o ouro e a prata até seu palácio, para pagar esse imposto. Ainda assim, o rei da Assíria não ficou satisfeito. Ele enviou uma mensagem: "Destruirei sua cidade e levarei você e seu povo a um país distante, assim como eu fiz em Israel. Seu Deus não poderá salvar vocês".

Ezequias ficou com medo. Ele sabia que seu exército não era forte. Ele pegou a carta do rei e foi ao templo para orar. Então, pediu a Deus para ajudá-lo.

137. Deus concede mais vida a Ezequias

2 Reis 20

Ezequias enviou príncipes para visitarem o profeta Isaías e pediu-lhes que dissessem a vontade de Deus. Isaías respondeu:

- O Senhor disse que o rei da Assíria não entrará nesta cidade e voltará.

Naquela noite, um anjo de Deus visitou o acampamento do rei assírio e causou uma doença. O rei voltou para sua própria terra. Algum tempo depois, Ezequias ficou muito doente. Ezequias não sentia que poderia deixar seu povo. Ele orou. Deus acrescentou 15 anos à sua vida. Ezequias construiu seu reino e ficou muito rico. Quando morreu, toda a terra lamentou por ele.

138. O Livro da Lei é encontrado

2 Reis 22

Muitos anos se passaram, o templo havia sido bastante esquecido. Josias governava o povo de Judá. Ele deu uma ordem de que a casa de Deus deveria ser consertada. Muitos trabalhadores habilidosos ajudaram a consertar o templo. O sumo sacerdote encontrou um livro estranho escondido debaixo de entulhos. Esse livro foi o mesmo que Moisés escreveu antes de morrer. Era chamado "Livro da Lei". Moisés havia ordenado que o livro fosse lido por todo o povo a cada sete anos. Mas o livro tinha sido totalmente esquecido. O sumo sacerdote enviou o livro a Safã, o servo do rei Josias.

139. O rei Josias obedece ao livro

2 Reis 22

O rei Josias pediu a seu servo que lesse o livro. Josias ouviu falar da promessa de Deus de punir o povo se eles adorassem ídolos. Josias sabia que o povo havia desobedecido à lei de Deus. Ele enviou servos para uma profetisa chamada Hulda. Hulda disse que Deus enviaria todas as grandes punições, mas porque Josias, o rei, havia chorado lágrimas por pecados, Deus não puniria durante sua vida. Josias convocou uma grande reunião em Jerusalém e leu para eles o livro. Ele ordenou a seu povo que mantivesse a lei. Josias governou o povo por 31 anos. Ele morreu em uma batalha com o rei do Egito.

140. O profeta Jeremias

Jeremias 36

Eis que o Senhor deu uma palavra a Jeremias. Enquanto Josias reinava em Judá, Jeremias foi tratado com bondade. Mas depois da morte de Josias, o povo voltou a praticar a idolatria.

O rei do Egito levou seu novo rei como prisioneiro. Os filhos de Josias não eram bons homens. Eles permitiram os ídolos. Um dia, Jeremias disse ao seu amigo Baruque as palavras que Deus lhe falava, e Baruque escreveu as palavras em um livro. Então ele pegou o livro e saiu para lê-lo entre as pessoas.

141. Jeoaquim, filho de Josias

Jeremias 36

Os príncipes de Judá chamaram Baruque e lhe pediram que lesse para eles. Eles estavam com medo porque acreditavam nas palavras de Deus. Pediram a Baruque que lhes desse o livro para ler ao rei. Jeoaquim, filho de Josias, era o rei naquela época. Ele ouviu e rasgou o livro. Ele queria punir Jeremias e seu amigo; mas não conseguiu encontrá-los. Não muito tempo depois, um grande rei da região oriental da Caldéia veio e levou algumas pessoas para a Babilônia. E Jeoaquim foi mantido como prisioneiro durante o tempo em que viveu.

142. A profecia de Jeremias

Jeremias 37

Depois da morte de Jeoaquim, um novo rei chamado Zedequias governou o povo de Judá. Ele era mais louco que seu pai. Ele colocou Jeremias na prisão da masmorra. Jeremias estava muito infeliz. O povo de Jerusalém também estava em perigo. O rei da Babilônia voltou a atacá-los. O rei de Judá pediu que Jeremias lhe dissesse o que fazer. Jeremias disse ao rei que Deus permitiria que o exército capturasse a cidade, mas Deus não permitiria que o rei caldeu, Nabucodonosor, matasse o povo de Jerusalém se eles se tornassem seus prisioneiros.

143. O ataque de Nabucodonosor

Jeremias 39

O povo de Jerusalém e seu rei não estavam dispostos a ser prisioneiros. O rei decidiu fugir de Jerusalém. Ele achava que o exército caldeu e o rei Nabucodonosor talvez não o vissem. Mas ele foi capturado e levado para a Babilônia. Nabucodonosor e seu exército levaram tudo de Jerusalém. Jeremias foi autorizado a permanecer entre as pessoas mais pobres. Muitas vezes, ele chorou por causa de seus pecados. Por essa razão, ele foi chamado de "profeta chorão".

144. O povo de Judá vive na Babilônia

Jeremias 52

Jerusalém foi sitiada. O exército caldeu levou consigo Zedequias, rei de Judá, e seu povo como prisioneiros. Os cativos eram chamados de "judeus", palavra que significa "o povo de Judá". Deus enviou mensagens para eles com o fiel profeta Jeremias. Ele prometeu trazê-los de volta ao seu próprio país. Os judeus se recusaram a adorar ídolos. Ezequiel, um dos judeus cativos, começou a ouvir mensagens de Deus e a falar essas mensagens ao povo. Ezequiel teve maravilhosas visões de Deus e encorajou o povo. Eles não perderam a esperança de voltar à Judá.

145. Daniel e seus amigos ficam diante de um grande rei

Daniel 1

Certo dia, os meninos Daniel, Hananias, Misael e Azarias estavam no palácio do rei. Eles foram príncipes em Judá durante o governo do rei Jeoaquim. O rei Nabucodonosor havia ordenado a seu oficial-chefe do palácio que lhes ensinasse o conhecimento dos caldeus. Ele queria que eles fossem bem treinados para ajudar a governar o grande reino da Babilônia. Quando passaram três anos, o rei solicitou que os rapazes fossem trazidos diante dele. Ele os examinou com perguntas difíceis e viu que Daniel e seus três amigos eram dez vezes mais sábios que os outros. Nabucodonosor ficou satisfeito com esses jovens judeus.

146. O sonho de Nabucodonosor

Daniel 2

Certa noite, o rei teve um sonho estranho. Ele perdeu o sono e não conseguiu dormir novamente. Porém, ele também não conseguia se lembrar de seu sonho. Ele perguntou a seus sábios. Os sábios pediram que ele contasse primeiro o sonho.

- Eu esqueci o sonho - respondeu o rei.

Quando Daniel ouviu, ele foi ousadamente dizer a Nabucodonosor que descobriria o sonho e seu significado. Os quatro jovens oraram para que Deus fizesse com que Daniel conhecesse o sonho dele e, naquela noite, Deus mostrou a Daniel em uma visão o que o sonho tinha sido e o que significava. Daniel ficou muito grato a Deus. Ele se ajoelhou e orou.

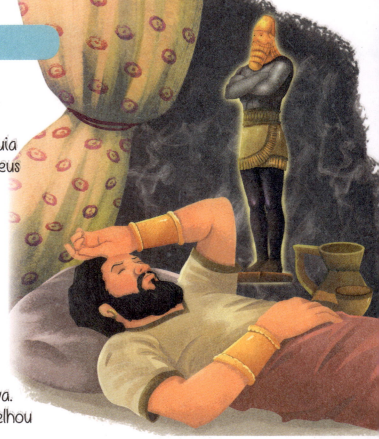

147. Daniel conta o sonho

Daniel 2

Então Daniel foi e disse ao rei Nabucodonosor que ele havia visto em seu sonho uma grande e brilhante imagem diante dele. A cabeça daquela imagem era de ouro, o peito e os braços eram de prata, a cintura e os quadris eram de latão, as pernas eram de ferro e os pés eram parte de ferro e parte de barro. Então ele viu uma pedra rolar em direção a essa grande imagem e atingir os pés dela. E a pedra quebrou os pés e toda a imagem caiu no chão em pedaços quebrados. Então, enquanto o rei contemplava a imagem, a pedra cresceu até se tornar uma grande montanha, que encheu toda a Terra.

148. Daniel conta o significado do sonho

Daniel 2

Nabucodonosor ouviu. Daniel disse:

– Vou lhe dizer o que esse sonho significa. Essa grande imagem representa quatro grandes reinos. Seu reino é o primeiro, é a cabeça de ouro. Depois de você virá outro rei, o reino dele é o peito e os braços de prata. O terceiro reino é mostrado pelo latão e o quarto pelas pernas de ferro e pelos pés de barro. Esse quarto reino será muito forte a princípio, mas depois se tornará fraco. Então o reino de Deus aumentará, até encher toda a Terra, e se despedaçará em todos os outros reinos.

Nabucodonosor ficou surpreso com tanta sabedoria e fez de Daniel o chefe de todos os sábios.

149. Nabucodonosor vê a força de Deus

Daniel 3

Nabucodonosor tornou-se mais poderoso e decidiu fazer um deus. Ele construiu uma grande imagem e ergueu-a na planície de Dura. Ele chamou todo o seu povo e disse para se curvarem e adorarem o deus. Os três amigos de Daniel não se ajoelharam. Nabucodonosor ficou muito irritado. Ele disse a seus homens para jogá-los no fogo. O rei viu os três homens se levantarem e andarem pelo fogo. Nabucodonosor sabia que eles serviam a um grande Deus. Ele disse a todos:

– Nenhum homem em meu reino falará uma palavra contra o Deus desses homens valentes.

150. Nabucodonosor tem um outro sonho

Daniel 4

Uma noite, Nabucodonosor teve outro sonho. Dessa vez, ele se lembrou do que se travava o sonho. O rei chamou Daniel. Daniel ouviu e teve medo de contar ao rei. Daniel sabia que o sonho havia sido enviado como um aviso de Deus para o orgulhoso rei. Ele disse:

- Essa grande árvore que você viu significa você, pois você se tornou um grande rei. O significado daquela voz que você ouviu clamando para que a grande árvore seja cortada significa que você perderá seu reino durante sete anos e que você deixará os homens para viver entre os animais.

Daniel pediu a Nabucodonosor que se afastasse de seus feitos iníquos. Então, ele voltou para sua própria casa.

151. Deus abala o coração orgulhoso de Nabucodonosor

Daniel 5

Um ano se passou. Nabucodonosor não fez como Daniel insistiu que ele fizesse. Então, um dia, andando em seu palácio, ele disse:

- Não é esta a grande Babilônia que eu edifiquei por meu próprio poder e para minha glória?

Naquela mesma hora, o grande rei perdeu o juízo e tornou-se uma fera. O povo expulsou-o da cidade. Por sete anos, ele vagou pelos campos. Então, Deus permitiu que seu juízo retornasse. Quando o povo da Babilônia percebeu que seu rei havia retornado com a mente de um homem de bem, recebeu-o de bom grado. Nabucodonosor não esqueceu a lição de Deus.

152. A estranha escrita na parede do palácio

Daniel 5

A Babilônia foi, depois de alguns anos, governada pelo rei Belsazar. Um dia, ele deu um banquete e bebeu vinho. O rei se lembrou dos belos vasos de ouro que Nabucodonosor trouxera do templo do Senhor em Jerusalém. Ele ordenou que seus servos trouxessem os vasos para o palácio, a fim de servir vinho. O coração de Belsazar estava alegre. Então, de repente, ele ficou pálido. Ali, na parede do palácio, viu os dedos de um homem escrevendo palavras estranhas, que ele não sabia ler. Todo mundo ficou com medo. Daniel agora era um homem velho. A rainha-mãe lembrou-se dele.

153. Belsazar é morto

Daniel 5

Belsazar enviou a Daniel. Daniel leu a escrita e lembrou Belsazar do grande castigo que Deus havia enviado sobre Nabucodonosor por causa de sua iniquidade e do seu orgulho. Ele ousara usar os vasos que pertenciam à casa do Senhor, em Jerusalém, para beber vinho. Daniel disse-lhe que Deus estava bravo. Naquela mesma noite, o reino de Babilônia foi destruído pelos medo-persas que vieram para a cidade e mataram Belsazar. Dario, o medo, apoderou-se do reino.

154. Dario, o novo governante, e Daniel

Daniel 6

Dario, o novo governante, escolheu cento e vinte príncipes para ajudá-lo. Ele fez de Daniel o primeiro presidente. Os príncipes e presidentes ficaram com ciúmes e colocaram Daniel em apuros por violar a lei do rei. Daniel deveria ser colocado na cova dos leões. O rei viu Daniel jogado na cova. Com o coração pesado, ele voltou ao palácio. Dario não conseguiu dormir. Deus enviou seu anjo para fechar a boca dos leões. Dario chamou seus servos para levarem Daniel para fora. Então, ele disse aos seus servos para lançarem os homens iníquos na cova. Dario instituiu uma lei para que todos orassem ao Deus dos judeus.

155. O anjo visitante de Daniel

Daniel 10

Daniel nunca esqueceu sua casa de infância em Jerusalém nem o templo do Senhor que Nabucodonosor havia destruído. Ele sabia que Jeremias havia profetizado que os judeus retornariam à sua terra depois de 70 anos. Uma noite, enquanto ele estava orando, um anjo veio e contou sobre a vinda do Salvador, Jesus Cristo. Quando o rei Dario morreu, o novo rei, Ciro, levou Daniel para a Pérsia. Um dia, um anjo apareceu para Daniel à beira do rio. Daniel ouviu o anjo e escreveu tudo em um livro. Daniel foi um dos maiores profetas. Ele viveu para ver o rei Ciro permitir que os judeus voltassem a Judá.

156. O regresso dos judeus para casa

Esdras 2; Neemias 7

Os judeus reuniram-se no vale ao longo do rio Eufrates, preparados para começar uma longa viagem a Judá. Eles estavam ansiosos para ver o templo do Senhor reconstruído. Uma dessas pessoas era Zorobabel, um valente jovem que pertencia à família de Davi. Ele se tornou o líder do povo que retornou a Jerusalém. Ciro tinha-lhes dado os vasos de ouro e de prata que Nabucodonosor havia roubado do templo e eles estavam levando aqueles vasos de volta para serem usados no novo templo. Eles estavam bem carregados para sua jornada. Quando a longa jornada se aproximava do fim, as pessoas ficaram contentes em voltar e construir casas.

157. O novo templo é construído em Jerusalém

Esdras 3, 4

Nas ruínas de Jerusalém, o povo encontrou o lugar onde o templo do Senhor costumava ficar. Eles construíram um novo altar. Então eles começaram a oferecer sacrifícios a Deus todas as manhãs e todas as tardes, assim como a lei de Moisés ordenou que fizessem. Os samaritanos, as pessoas que vieram morar em Israel, eram de religião mista - uma mistura da verdadeira religião e adoração de ídolos. Eles queriam ajudar a construir o templo. Mas quando Zorobabel e Jesua se recusaram a deixá-los ajudar a construir o templo, eles se enfureceram e tentaram impedir o trabalho. Eles enviaram cartas de volta ao rei da Pérsia, acusando os judeus. Finalmente, eles fizeram com que a construção do templo parasse.

158. A construção do templo não é finalizada

Esdras 4

Vários anos se passaram e os judeus não tiveram permissão para terminar o templo. Finalmente, Deus fez o novo rei da Pérsia, outro rei chamado Dario, ser amigo dos judeus. Deus enviou um profeta chamado Ageu para incitá-los a voltar ao trabalho no templo. Então Zorobabel e Jesua tomaram coragem e começaram mais uma vez a construção do templo. Quando o templo foi finalmente concluído, os judeus fizeram um grande banquete e ofereceram muitos sacrifícios ao Senhor.

159. O rei da Pérsia escolhe uma nova rainha

Ester 1

A judia Ester ainda era uma garotinha quando seus pais morreram. Seu novo lar ficava na grande cidade de Susã, onde morava o rei da Pérsia. Seu primo, Mardoqueu, foi muito gentil com Ester e a amou como sua própria filha. Depois que Ester cresceu e tornou-se jovem, o rei da Pérsia fez uma grande festa em seu palácio. Ao mesmo tempo, a rainha Vasti deu um banquete para as mulheres. No último dia da festa, o rei mandou chamar sua rainha. Mas Vasti, a rainha, recusou-se a aparecer na presença dos homens. O rei Assuero ficou muito zangado quando os servos voltaram sozinhos. Um dos sábios lhe disse para escolher outra rainha.

160. Ester, a linda menina, torna-se rainha

Ester 2

Mardoqueu sabia que Ester era uma jovem linda e acreditava que ela seria uma bela rainha. Então ele a mandou para o palácio. Mas Mardoqueu disse-lhe que não o deixasse saber que ela era judia. Ester foi levada perante o rei; e ela o agradou tanto que ele imediatamente a escolheu para se tornar a rainha. Ele colocou a coroa real da Pérsia sobre a cabeça dela. Entre os príncipes no palácio real em Susã, havia um homem orgulhoso chamado Hamã. Ele era muito rico e inteligente. Então o rei exaltou Hamã e pôs o seu assento acima de todos os príncipes que estavam com ele.

161. Hamã e Mardoqueu

Ester 3

Entre os servos do rei que estavam no portão do palácio estava Mardoqueu, o judeu. Sempre que Hamã passava pelo portão, os servos do rei deveriam se prostrar. Todos eles faziam isso exceto Mardoqueu. Mardoqueu só se prostrava diante de Deus. O orgulho de Hamã ficou profundamente ferido quando viu Mardoqueu se recusar a lhe exaltar. Ele determinou a punição de Mardoqueu e também planejava matar todos os judeus. Ele não sabia que Ester, a linda rainha que o rei amava, era judia. Assuero não sabia muito sobre os judeus nem sobre sua estranha religião. Ele não sabia que sua bela rainha era judia. Ele concordou com Hamã em destruir todos os judeus em seu reino e aprovou uma lei.

162. Como a rainha Ester salva a vida de seu povo

Ester 4

Os judeus viviam pacificamente. Eles não conseguiam entender por que essa lei cruel havia sido aprovada. Mardoqueu sabia que Hamã fizera a lei. Ele esperava que Ester pudesse ouvi-lo e ele pudesse contar tudo sobre a lei cruel. Ester não se esqueceu de como Mardoqueu a levara para sua própria casa quando ela era uma pobre órfã. Todos os dias, ela observava da janela para vê-lo passar e estava ansiosa para receber as mensagens que ele enviava. Mas um dia Mardoqueu não passou. Ester enviou seu servo até ele e pediu-lhe para descobrir o que estava acontecendo.

163. O plano de Ester

Ester 4

Mardoqueu contou ao servo como Hamã planejava matar todos os judeus. Ele deu ao criado uma cópia da carta que Hamã havia escrito. A princípio, Ester teve medo de ir até o rei, porém, decidiu tentar. Ela pediu a Mardoqueu que reunisse todos os judeus em Susã em um lugar para jejuarem e orarem por três dias. E, assim, ela conversaria com o rei, ainda que não fosse segundo a lei. Mardoqueu convocou todos os judeus em Susã e contou-lhes as palavras de Ester. Então, no terceiro dia, ela se vestiu com roupas bonitas e foi falar com o rei.

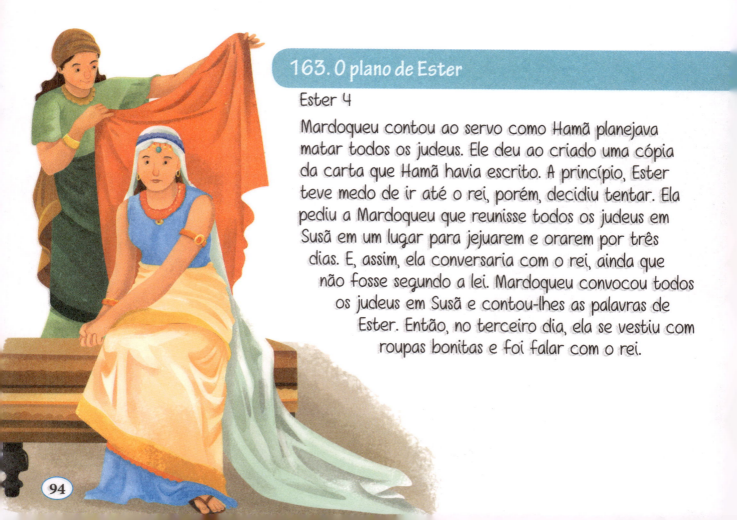

164. Ester vai até o rei

Ester 5

Assuero ficou surpreso ao ver a rainha parada timidamente na corte diante de seu trono. Ele sabia que algum assunto urgente a trouxera até ali. Então ela chegou perto de seu trono e tocou o cetro, e ele perguntou:

– Qual é o seu pedido, rainha Ester?

Ester pediu a ele e a seu amigo Hamã que jantassem com ela naquele dia. E o rei prometeu ir. Então ela foi embora. Assuero enviou uma mensagem a Hamã, contando-lhe do convite da rainha para jantar. Hamã sentiu-se muito honrado porque era o único convidado a comer com o rei e a rainha. Hamã estava contente e decidiu construir uma forca para Mardoqueu.

165. O rei Assuero lê as crônicas

Ester 6

Naquela noite, Assuero, o rei, não conseguiu dormir. Enquanto se revirava inquieto sobre suas almofadas macias, ordenou aos seus servos que trouxessem o livro das memórias das crônicas de seu governo da Pérsia. Entre outras coisas que leu no livro, estava o relatório de Mardoqueu sobre os planos malignos de dois servos que pretendiam matar o rei.

Hamã acordou cedo na manhã seguinte e foi ao palácio, com a intenção de pedir permissão ao rei para enforcar Mardoqueu na forca que ele havia feito. Mas, assim que ele entrou na corte do palácio, Assuero mandou chamá-lo.

166. Mardoqueu é honrado

Ester 6

Hamã entrou com orgulho, imaginando que serviço poderia realizar para agradar seu governante.

- O que deve ser feito ao homem a quem o rei se agrada honrar? - perguntou Assuero para Hamã.

Hamã pensou que o rei estava falando sobre ele e disse todos os seus desejos. O rei ficou satisfeito com a resposta de Hamã e disse:

- Eu ordeno que você pegue minha vestimenta real e minha coroa e vista Mardoqueu nelas. Em seguida, coloque-o sobre o meu cavalo e conduza-o pela cidade.

Hamã ficou assustado, porém não ousou desobedecer à ordem do rei.

167. Hamã é chamado para jantar novamente

Ester 6

Ele pegou as vestes, vestiu-as em Mardoqueu, o judeu, e conduziu-o a cavalo pelas ruas da cidade. Então retornou com Mardoqueu para o palácio e levou de volta as vestes reais para o rei. Em seguida, correu para casa, cobrindo a cabeça de vergonha. Hamã esquecera o convite para jantar novamente com o rei e a rainha. Então o rei enviou um mensageiro para levá-lo até o palácio. E, quando se sentaram à mesa, o rei perguntou a Ester mais uma vez qual era o desejo dela, o que ela desejava dele.

168. Ester revela a verdade sobre Hamã

Ester 7

Ester estava pronta para contar sua história. Ela disse:

- Peço que a minha vida e a vida de meu povo sejam poupadas.

Assuero ficou surpreso ao ouvir essas palavras e perguntou:

- Quem fará mal a você e ao seu povo?

Ester respondeu:

- O inimigo é esse perverso Hamã.

Agora Hamã estava com medo e não sabia o que fazer. O rei andou pelo jardim, pensando o que deveria fazer para punir Hamã. Então ele retornou e encontrou Hamã implorando por sua vida.

- Pendurem Hamã na forca! - ordenou o rei.

169. Esdras, o bom homem que ensina a lei de Deus

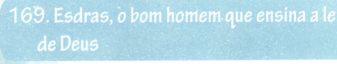

Esdras 7

Muitos anos se passaram e outra mudança veio no governo persa. Um novo rei de nome Artaxerxes sentou no trono em Susã e governou o povo. Seu reino incluía a terra de Judá. Artaxerxes queria saber como iam as coisas em Judá e planejava enviar um mensageiro à Jerusalém para saber mais sobre o povo e suas necessidades. O mensageiro a quem ele escolheu enviar foi Esdras, o sacerdote.

170. A assembleia de Esdras

Esdras 7

Esdras era judeu. Ele escrevia as palavras de Deus nos livros e ansiava ensinar os judeus em todos os lugares sobre a lei de Deus, que havia sido dada por Moisés aos israelitas. Sob ordens do rei, ele reuniu outros judeus da Babilônia, dos lugares do país e cidades próximas que desejavam ir a Judá e ajudar a fortalecer a coragem dos judeus pobres que viviam lá. Esdras conversava muito com o rei sobre o verdadeiro Deus, e o rei estava interessado. Ele acreditava que o Deus dos judeus devia ser um Deus muito poderoso.

171. O bom trabalho de Esdras

Esdras 7

Esdras e seus companheiros começaram a descer a longa estrada. Depois de quatro meses de viagem, chegaram a Judá. Esdras descobriu que as coisas não estavam indo bem em Judá. Os pobres judeus ficaram desencorajados e nunca reconstruíram a cidade de Jerusalém. Esdras orou fervorosamente para que Deus perdoasse seus pecados. As pessoas ficaram contentes por Esdras lhes ensinar o que fazer. Esdras ficou com o povo por algum tempo e ensinou-lhes as palavras de Deus. Esdras tinha coletado os livros que Moisés, Samuel e Davi haviam escrito e os livros dos profetas. Ele os lia para os judeus.

172. Neemias, o copeiro do rei

Neemias 2

Neemias, um judeu, era um nobre jovem que diariamente servia o grande governante rei Artaxerxes. Ele orou pedindo para que o rei lhe fosse benevolente e, foi assim, que ele pode ir para Jerusalém ajudar as pessoas a reconstruí-la. O povo se alegrou porque Deus havia enviado esse nobre do palácio em Susã para ajudá-los. O grande trabalho começou imediatamente. O sumo sacerdote disse que reconstruiria a Porta das Ovelhas. Havia várias outras portas para reconstruir e também várias outras pessoas prometendo reconstruí-las. Assim, a Porta das Ovelhas, a Porta dos Cavalos, a Porta dos Peixes, a Porta do Vale, a Porta das Águas e todas as outras portas quebradas do muro foram logo construídas.

99

173. O muro destruído é construído

Neemias 3

Sambalate e Tobias, dois inimigos que moravam perto de Jerusalém, não desejavam ver essa grande cidade reconstruída. Eles planejaram muitas maneiras de impedir. Mas Neemias e seus obreiros não prestaram atenção. Finalmente, Sambalate e Tobias planejaram lutar contra os homens de Jerusalém e matá-los. Contudo, Neemias armou os homens com espadas e lanças. No final, os muros foram construídos, porém, as portas não estavam montadas. Após cinquenta e dois dias, todo o muro estava terminado. E o povo de Jerusalém ficou muito agradecido por Neemias ter vindo encorajá-los e edificar o muro quebrado de sua cidade arruinada.

174. Neemias retorna à Pérsia

Neemias 13

Neemias ficou em Jerusalém durante 12 anos. Posteriormente, ele soube que Artaxerxes, o rei, estaria esperando por ele de volta. Então ele nomeou seu irmão Hanani para governar a cidade. Artaxerxes permitiu que ele voltasse pela segunda vez a Jerusalém, e o trabalho de Neemias nessa segunda visita foi o de restaurar os costumes de Deus. Malaquias, o último dos profetas, foi falar as palavras de Deus ao povo enquanto Neemias viveu. Esse fiel profeta contou aos judeus sobre a vinda de Jesus - o Salvador - ao mundo e escreveu suas palavras em um livro. Os judeus mantiveram seu livro com os outros livros que Esdras, o sacerdote, havia dado a eles. Os escritos de Malaquias são as últimas palavras que encontramos no Antigo Testamento.

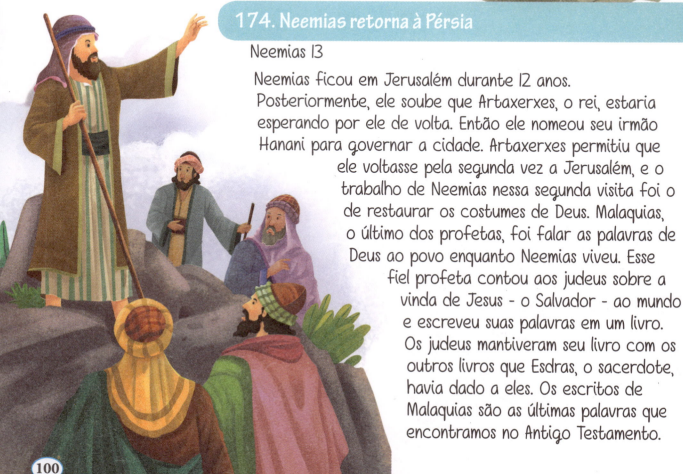

Novo Testamento

175. Isabel e Zacarias

Lucas 1

Zacarias e sua esposa Isabel eram judeus. Eles moravam perto de Jerusalém, obedeciam aos mandamentos de Deus e queriam ter um filho, porém, estavam muito velhos para ter um. Certo dia, um anjo apareceu para Zacarias, que era sacerdote no templo. O anjo era Gabriel. Ele disse a Zacarias que Deus queria responder às orações dele e de sua esposa Isabel. Eles teriam um bebê. Gabriel disse a eles que o nome do bebê seria João. Também disse a Zacarias que João seria um profeta e ensinaria as pessoas sobre Jesus Cristo. Zacarias não acreditou em Gabriel. Ele disse que Isabel estava velha demais para ter um bebê. Gabriel disse a Zacarias que, por ele não acreditar na promessa de Deus, perderia a fala até o nascimento de João.

176. O nascimento de João Batista

Lucas 1

O anjo Gabriel disse à Maria que Isabel também teria um menininho. Maria e Isabel eram parentes. Maria foi visitar Isabel. Maria e Isabel agradeceram a Deus por abençoá-las. Maria ficou com Isabel por três meses. Então, Maria voltou para casa em Nazaré. O filho de Isabel nasceu. Seus amigos e familiares ficaram felizes. Eles achavam que o bebê deveria ter o mesmo nome do pai dele, Zacarias. Porém, Isabel disse que o nome deveria ser João. Zacarias pôde falar novamente. Ele disse às pessoas que Jesus Cristo nasceria em breve e que João prepararia as pessoas para Jesus. João cresceu para se tornar um grande profeta. Ele ensinou as pessoas sobre Jesus.

177. Maria e o anjo

Lucas 1

Maria e José viviam em Nazaré. Eram pessoas muito boas. Eles se amavam e iam se casar. Um dia, o anjo Gabriel foi até Maria. Ele disse a ela que Deus a abençoaria. Gabriel disse à Maria que ela seria mãe do Filho de Deus. O nome dEle seria Jesus e Ele seria o Rei de todas as pessoas justas. Maria disse que ela obedeceria ao Pai Todo-Poderoso e seria mãe de Jesus.

178. José e o anjo

Mateus 1:20,24

José era um homem bondoso. Ele e Maria estavam para se casar. Quando ele ficou sabendo que Maria teria um bebê, não soube o que fazer. Porque o bebê não era filho dele, ele pensava que não deveria se casar com ela. Uma noite, um anjo foi até José em sonho e disse a ele que o bebê de Maria era o Filho de Deus. O anjo também disse a José que ele deveria se casar com Maria para dar um nome ao menino Jesus. Jesus seria o Salvador do mundo. José obedeceu ao anjo e casou-se com Maria.

179. Nasce Jesus Cristo

Lucas 2

Naqueles dias, o imperador romano fez uma lei a qual dizia que todos deveriam pagar impostos. José e Maria moravam em Nazaré. Eles tiveram que viajar 105 quilômetros até Belém para pagar seus impostos. Não foi fácil para Maria viajar até Belém. Seu bebê nasceria em breve. Quando José e Maria chegaram a Belém, todos os quartos nas estalagens estavam ocupados. Maria e José tiveram que ficar em um estábulo. Estábulo é o lugar onde os animais ficam. O bebê nasceu lá. Maria o embrulhou em um pano e o colocou deitado em uma manjedoura. José e Maria chamaram o bebê de Jesus.

180. Os pastores veem o menino Jesus

Lucas 2

Na noite em que Jesus nasceu, pastores estavam cuidando de suas ovelhas em campos próximos a Belém. O anjo foi até eles. Os pastores ficaram com medo. O anjo disse a eles que não tivessem medo. Ele tinha notícias maravilhosas: Jesus, o Salvador, tinha nascido em Belém. Eles o encontrariam deitado em uma manjedoura. Os pastores foram até Belém, onde viram o menino Jesus. Eles ficaram felizes por ver o Salvador. Então, contaram para as outras pessoas sobre o que eles haviam ouvido e visto.

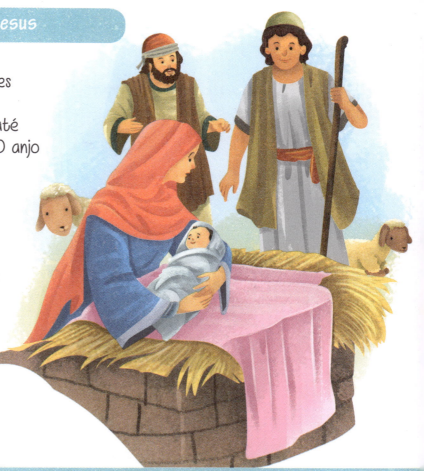

181. Apresentação no templo

Lucas 2

Quando Jesus estava com apenas algumas semanas de vida, seus pais o levaram para Jerusalém a fim de apresentá-lo no templo. Simeão, um homem justo que vivia em Jerusalém, estava no templo. O Espírito Santo disse-lhe que ele veria Cristo antes de morrer. Simeão viu o menino Jesus no templo. Ele segurou Jesus em seus braços e orou a Deus. Simeão disse que a criança traria salvação para todas as pessoas. Uma viúva chamada Ana também viu Jesus e soube quem Ele era. Ela deu graças e contou para muitas pessoas sobre ele.

182. Os reis magos

Mateus 2

Alguns homens sábios viviam em uma outra terra. Eles sabiam o que os profetas tinham dito sobre o nascimento de Jesus. Quando eles viram uma estrela diferente no céu, souberam que o novo rei tinha nascido. Os reis magos foram ver Herodes, o rei dos judeus, em Jerusalém. Eles lhe perguntaram onde estava o novo rei. Herodes disse a eles para procurarem em Belém. Quando encontrassem o bebê, eles voltariam e contariam a Herodes. Os reis magos foram a Belém e encontraram Jesus. Eles o adoraram e deram-lhe presentes. Eles foram avisados em um sonho para que não retornassem a Jerusalém e nem contassem a Herodes onde o bebê estava. Eles obedeceram e não retornaram.

183. O malvado rei Herodes

Mateus 2:16

Os reis magos haviam contado para Herodes que Jesus seria o rei. Herodes queria ser o único rei. Ele deu uma ordem para que seus soldados matassem todos os bebês em Belém e em lugares próximos. Um anjo disse a José para levar Maria e Jesus para o Egito, um país longe de Belém. Herodes não procuraria por Jesus lá. José obedeceu. Ele, Maria e Jesus foram para o Egito enquanto os soldados de Herodes matavam todos os bebês em Belém e em lugares próximos. Depois que o rei Herodes morreu, um anjo disse a José para levar Jesus e Maria de volta para casa. José os levou para Nazaré, onde Jesus ficou seguro.

184. O menino Jesus vai a Jerusalém

Lucas 2

Jesus cresceu na cidade de Nazaré. Ele aprendeu muitas coisas. Quando Jesus estava com 12 anos, ele foi com José e Maria junto a um grupo de pessoas para uma celebração em Jerusalém. Eles ficaram lá por muitos dias. Quando José e Maria partiram para voltar para casa, pensaram que Jesus estava regressando com seus amigos, mas ele havia ficado em Jerusalém. Quando José e Maria procuraram por Jesus, não conseguiram encontrá-lo. Ninguém no grupo deles tinha visto Jesus. Então José e Maria retornaram a Jerusalém. Eles procuraram por Jesus durante três dias. Eles estavam muito tristes.

185. O menino Jesus no templo

Lucas 2

Jesus estava respondendo aos questionamentos. Os doutores ficaram surpresos com o quanto Jesus sabia. Maria disse a Jesus que ela e José tinham ficado preocupados com ele. Jesus respondeu que estava fazendo o trabalho de seu Pai - o trabalho de Deus. José e Maria não entenderam. Jesus voltou para casa em Nazaré com José e Maria e os obedeceu. Jesus aprendeu mais e mais sobre o trabalho de seu Pai Celestial. Jesus cresceu em estatura. Ele era alto e forte. As pessoas o amavam. Ele fez o que Deus queria que ele fizesse.

186. João é chamado João Batista

Lucas 3

João viveu no deserto por muitos anos. Ele vestia roupas feitas de pele de camelo e comia mel e gafanhotos. As pessoas vinham da cidade para ouvir seus ensinamentos. Ele era conhecido como João Batista. João Batista ensinava as pessoas sobre Jesus Cristo. Ele dizia-lhes para se arrependerem de seus pecados e serem batizados. João batizava aqueles que se arrependiam de seus pecados. As pessoas perguntavam a João Batista como viver melhor sua vida. Ele dizia a elas para dividirem com os pobres, dizerem a verdade e serem justas com os outros. João Batista dizia que Jesus Cristo viria em breve. Jesus daria a elas o dom do Espírito Santo.

187. Jesus é batizado

Lucas 3

Um dia, quando João Batista estava batizando pessoas no rio Jordão, Jesus Cristo foi até ele. Ele pediu para João batizá-lo. João sabia que Jesus tinha sempre obedecido aos mandamentos de Deus e que não precisava arrepender-se. João pensava que Jesus não precisava ser batizado. Mas Deus tinha ordenado que todas as pessoas fossem batizadas, então Jesus disse a ele para batizá-lo. Jesus nos deu um exemplo ao obedecer aos mandamentos de Deus e ser batizado. Quando Jesus saiu da água, o Espírito Santo de Deus veio sobre Ele. Deus falou dos céus, dizendo:

- Este é o meu Filho, que eu amo e em quem me comprazo.

João Batista também testemunhou que Jesus era o Filho de Deus.

188. Jesus é tentado

Lucas 4

Jesus foi ao deserto para estar com Deus. O Salvador conversava com o Pai Celestial. Ele não comeu nada por 40 dias porque estava jejuando. O diabo veio e tentou Jesus para que ele provasse que era realmente o Filho de Deus. Primeiro, ele disse a Jesus para transformar algumas pedras em pão. Jesus estava com fome, mas ele sabia que deveria usar seu poder apenas para ajudar as outras pessoas. Ele não fez o que o diabo disse.

189. Jesus é tentado novamente

Lucas 4

Depois, o Espírito Santo levou Jesus para um lugar alto no templo. O diabo tentou Jesus uma segunda vez, dizendo a Ele que pulasse da muralha do templo. O diabo dizia que se Jesus fosse realmente o Filho de Deus, os anjos não deixariam que Ele se machucasse. Jesus não pulou. Ele sabia que seria errado utilizar seus poderes sagrados dessa forma. Então, o Espírito Santo levou Jesus para o topo de uma montanha. Ele mostrou a Jesus todos os reinos e tesouros do mundo. O diabo disse a Jesus que Ele poderia ter todas aquelas coisas se obedecesse a ele. Jesus disse que obedeceria somente ao Pai Celestial. Ele pediu para o diabo ir embora. O diabo partiu. Os anjos vieram e abençoaram Jesus, pois Ele estava pronto para começar o seu trabalho.

190. As bodas em Caná

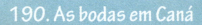

João 2

Jesus e seus discípulos foram convidados para um banquete de casamento em Caná. Maria, mãe de Jesus, estava lá. Ela disse a Jesus que não havia mais vinho para os convidados. Jesus respeitava e amava sua mãe. Ele perguntou o que ela queria que Ele fizesse. Maria disse aos empregados do casamento para fazerem tudo o que Jesus dissesse para eles fazerem. Jesus disse aos empregados para encherem seis jarros grandes de barro com água. Em cada jarro cabiam 120 litros. Ele então transformou a água em vinho. Ele disse aos empregados para levarem os jarros e servir ao líder do banquete. O líder do banquete ficou surpreso quando bebeu o primeiro vinho. Esse é o primeiro milagre registrado que Jesus realizou durante sua vida na Terra.

191. Jesus e a casa de seu Pai Celestial

João 2

Jesus foi ao templo em Jerusalém. Muitas pessoas estavam lá para fazer um sacrifício matando um animal em um altar. O sacrifício ajudava as pessoas a pensarem sobre o Salvador. Pessoas vendiam animais para elas no templo. Os vendedores queriam ganhar muito dinheiro. Eles não pensavam em Deus. Jesus viu as pessoas vendendo animais no templo. Ele disse que o templo era a casa do Pai Celestial, um lugar sagrado. Ele disse às pessoas que elas não deveriam comprar e vender coisas lá. Jesus fez um chicote, derrubou as mesas, atirou o dinheiro no chão e fez os comerciantes deixarem o templo. Ele não lhes permitiria fazer coisas más na casa do Pai Celestial.

192. Nicodemos

João 3

Nicodemos pertencia a um grupo de judeus chamado fariseus. Ele era também um governante dos judeus. Muitos fariseus não acreditavam que Jesus Cristo havia sido enviado por Deus. Mas Nicodemos acreditava por causa dos milagres que Jesus fazia. Certa noite, Nicodemos foi falar com o Salvador. Jesus disse a ele que ninguém poderia entrar no Reino de Deus sem nascer de novo. Nicodemos não entendeu. Como uma pessoa poderia nascer novamente?

193. Nicodemos e Jesus

João 3

Jesus explicou que Ele estava falando sobre coisas espirituais. Para nascer de novo, uma pessoa precisa ser batizada nas águas e receber o Espírito Santo. Jesus explicou que Ele tinha sido enviado à Terra para ajudar a todos a retornar para o Pai Celestial. Ele disse que sofreria pelos pecados de todos e morreria na cruz, para que eles pudessem ter vida eterna. Ele disse que todos precisavam acreditar nEle e escolher o certo. Se eles fizessem o que é certo, viveriam para sempre no Reino de Deus.

194. Jesus atravessa Samaria

João 4

Quando Jesus deixou a Judeia e estava voltando para a Galileia, teve que passar por Samaria; e Ele foi para uma cidade de Samaria chamada Sicar, perto do pedaço de terra que Jacó deu ao filho dele, José. Então, o poço de Jacó estava lá. Jesus, consequentemente, estando cansado da viagem, sentou-se junto ao poço. Era cerca de meio-dia e uma mulher de Samaria veio para tirar água. Jesus disse a ela:

– Dê-me de beber.

195. Jesus conversa com uma mulher samaritana

João 4

A mulher samaritana disse a ele:

- Como, sendo você judeu, pede de beber para mim, uma samaritana? Porque os judeus não se comunicam com os samaritanos.

Jesus lhe respondeu:

- Se você conhecesse o dom de Deus e quem é o que diz "dê-me de beber", você pediria a Ele e Ele lhe daria água viva.

A mulher disse a ele:

- Senhor, você não tem nada com o que tirar e o poço é fundo; onde, pois, você pode ter água viva? É você maior do que Jacó, o nosso pai, que nos deu o poço, bebendo ele próprio dele, junto com seus filhos e seu gado?

Jesus respondeu-lhe:

- Qualquer que beber desta água tornará a ter sede.

196. Os discípulos chegam

João 4

E nisso vieram os discípulos e maravilharam-se de que estivesse falando com uma mulher; todavia, nenhum lhe disse: "O que você quer?" ou "Por que você fala com ela?". Então a mulher deixou o cântaro e foi à cidade para dizer aos homens:

- Venham e vejam um homem que me disse tudo o que tenho feito. Por acaso, não é esse o Messias?

E eles saíram da cidade e foram ter com ele. Enquanto isso, os discípulos de Jesus lhe rogaram, dizendo:

- Mestre, coma alguma coisa.

Mas ele disse a eles:

- Uma comida tenho para comer, que vocês não conhecem.

Por causa das palavras da mulher, que tinha dito "Ele me disse tudo o que tenho feito", muitos samaritanos da cidade acreditaram em Jesus e, quando foram até Ele, imploraram para que ficasse com eles. E Ele ficou ali dois dias.

197. O filho de um líder

João 4

Um líder do povo judeu tinha um filho que estava muito doente. Todos achavam que seu filho logo morreria. O homem deixou seu filho em casa e viajou muitos quilômetros até a cidade de Caná. Lá ele encontrou Jesus. O homem pediu ao Salvador para curar o filho dele. Jesus disse a ele que seu filho estaria curado. Os empregados do homem foram ao encontro dEle. Eles disseram que seu filho estava melhorando e que viveria. O homem perguntou-lhes quando seu filho tinha começado a melhorar. Foi na mesma hora em que Jesus disse que o filho seria curado. O homem sabia que Jesus Cristo tinha curado seu filho.

198. Jesus em Nazaré

Lucas 4

Jesus foi a Nazaré, a cidade onde ele cresceu. Lá ele foi a uma sinagoga, uma construção onde os judeus vão à igreja. Ele levantou e leu as escrituras. Ele leu as palavras do profeta Isaías. Isaías tinha dito que o Salvador viria à Terra e ajudaria todas as pessoas. Quando Jesus fechou as escrituras e sentou, todas as pessoas olharam para ele. Jesus disse que as palavras de Isaías eram sobre Ele - que Ele era o Salvador.

199. Jesus discursa em Nazaré

Lucas 4

As pessoas ficavam admiradas com as palavras dEle. Elas diziam:

— Não é o filho de José?

Elas não acreditavam que Jesus fosse o Filho de Deus. O Salvador sabia o que elas estavam pensando. Elas queriam que ele realizasse um milagre. Mas Jesus dizia-lhes que não faria milagres para elas porque elas não acreditavam nEle. Isso deixou o povo zangado. As pessoas levaram Jesus até o topo de uma montanha e queriam atirá-lo de lá. Jesus escapou delas e foi para outra cidade.

200. João é colocado na prisão

Mateus 14

Herodes prendeu João Batista, amarrou-o e colocou-o na prisão por causa de Herodias, esposa de seu irmão, porque João disse a ele:

— Não é certo que você a possua.

E, embora Herodes quisesse matá-lo, ficou com medo do povo, pois acreditavam ser João um profeta. Agora, depois que João fora colocado na prisão, Jesus foi à Galileia, pregando as boas-novas de Deus:

— A hora chegou; arrependam-se de seus pecados e creiam nas boas-novas, porque o reino de Deus está próximo.

201. Jesus encontra Pedro

Lucas 5

Um dia, Jesus ensinava as pessoas de um barco na costa do mar da Galileia. O barco pertencia a um homem chamado Pedro. Pedro e seus amigos tinham pescado a noite toda sem pegar peixe algum. Depois de Jesus terminar de ensinar, Ele disse a Pedro para levar o barco em águas profundas. Então, disse para Pedro e aos amigos dele para colocarem suas redes de pesca na água. Eles pegaram tantos peixes que suas redes começaram a partir!

202. Jesus, Pedro, Tiago e João

Marcos 14

Pedro chamou seus amigos em outro barco para virem e ajudar. Os peixes deixaram ambos os barcos tão cheios, de tal maneira que eles começaram a afundar. Pedro e seus amigos estavam admirados. Eles sabiam que Jesus Cristo tinha feito aquilo acontecer. Pedro se ajoelhou aos pés do Salvador. Ele disse que não era digno de estar perto de Jesus. Jesus disse a Pedro para não ter medo. Jesus disse:

- Venha me seguir.

E, indo um pouco mais adiante, viu Tiago, o filho de Zebedeu, com seu irmão João, que estavam no barco deles remendando suas redes. Ele os chamou e eles finalmente deixaram o pai deles, Zebedeu, no barco com os homens contratados, e foram com Jesus.

203. Jesus encontra Filipe

João 1

Enquanto estava passando ao longo da costa do mar da Galileia, Jesus viu Simão e seu irmão André jogando as redes no mar, pois ambos eram pescadores. Jesus disse a eles:

- Venham comigo e eu farei de vocês pescadores de homens.

E eles imediatamente deixaram suas redes e o seguiram.

Então Jesus encontrou Filipe e disse a ele:

- Venha comigo.

Agora Filipe era de Betsaida, a terra natal de Pedro e André. Filipe, encontrando Natanael, disse a ele:

- Encontramos aquele de quem Moisés, na lei, e também os profetas escreveram: Jesus de Nazaré, o filho de José.

Natanael disse a ele:

- Pode algo de bom sair de Nazaré?

Filipe respondeu:

- Venha e veja.

204. Jesus e Natanael

João 1

Jesus viu Natanael aproximando-se dEle e disse:

- Aqui está um verdadeiro israelita, em quem não há engano.

Natanael disse a Ele:

- Como você me conhece?

E Jesus respondeu:

- Antes de Filipe chamar, quando você estava debaixo da figueira, eu vi você.

Natanael respondeu a ele:

- Mestre, o senhor é o Filho de Deus, é o Rei de Israel.

Jesus respondeu:

- Você acredita porque eu disse a você: "Eu vi você debaixo da figueira"? Você verá coisas maiores do que essa!

205. Jesus escolhe 12 apóstolos

Lucas 6

Jesus escolheu 12 apóstolos para liderar sua igreja. Ele orou a noite toda para que pudesse escolher os homens certos. Na manhã seguinte, escolheu e ordenou 12 homens. Ele deu-lhes o sacerdócio e a autoridade para serem apóstolos. Os apóstolos viajavam para muitas cidades. Eles ensinavam o Evangelho e curavam pessoas. Eles retornavam para contar a Jesus o que eles tinham feito.

206. O sermão da montanha

Lucas 6

Um dia, Jesus ensinava o Evangelho aos seus discípulos na encosta de uma montanha perto do mar da Galileia. Ele dizia a eles como se comportar, para que fossem felizes e vivessem novamente com o Pai Celestial. Jesus dizia que todas as pessoas deveriam ser gentis, pacientes e estarem dispostas a obedecer ao Pai Celestial. Ele dizia que as pessoas deveriam tentar ser corretas o máximo que pudessem. Ele lhes dizia que deveriam perdoar as pessoas que os ofendesse ou os fizesse sentir-se mal. Jesus pedia ao povo para serem amantes da paz, amarem as pessoas e ajudarem todos a se amarem.

207. Jesus ensina mais na montanha

Lucas 6

Jesus dizia que as pessoas não deveriam ter medo de falar às outras pessoas sobre o Evangelho ou mostrar-lhes que amam o Pai Celestial. Quando as outras pessoas vissem o bem, isso as ajudaria a acreditar em Deus também. Jesus dizia aos seguidores para manterem promessas. Ele dizia que deveriam fazer exatamente como quisessem que os outros fizessem com eles, ou seja, deveriam ser gentis se quisessem receber gentileza.

208. Jesus ensina sobre a oração

Lucas 11

Jesus ensinou a seus discípulos como orar. Ele dizia que algumas pessoas oravam apenas para que os outros as vissem orando. Jesus dizia que algumas pessoas diziam as mesmas palavras repetidamente quando oravam. Na verdade, essas pessoas não pensavam no que estavam dizendo. Jesus dizia que elas deveriam orar com sinceridade pelo o que necessitavam. O Salvador disse uma oração para mostrar aos seus discípulos como orar. Ele começou dizendo:

"Pai Nosso que está no céu...".

Ele disse "Amém" ao final de sua oração.

Mais tarde, Jesus disse aos discípulos para orarem ao Pai em seu nome. Ele prometeu que o Pai Celestial responderia às orações deles.

209. Jesus acalma os ventos e as ondas

Mateus 8

Certa vez, Jesus e seus discípulos estavam em um barco no mar da Galileia. No caminho, Jesus adormeceu. O vento começou a soprar muito forte, e as ondas estavam enchendo o barco com água. Os discípulos estavam com medo de que o barco afundasse. O Salvador ordenou que os ventos parassem de soprar e que as ondas se acalmassem. O vento parou e o mar se acalmou. Jesus perguntou aos discípulos por que eles estavam com medo e disse que eles deveriam ter mais fé. Os discípulos estavam admirados e perguntavam-se que tipo de homem poderia até mesmo acalmar o vento e o mar.

210. O homem com espíritos malignos

Mateus 17

Um homem que morava em um cemitério perto do mar da Galileia tinha um espírito ruim dentro de si. Ele agia de forma selvagem. As pessoas o prendiam com correntes para controlá-lo, mas ele quebrava as correntes. O homem passava dia e noite em montanhas e cavernas. Ele gritava o tempo todo e cortava-se com pedras. Um dia, Jesus e seus discípulos atravessaram o mar da Galileia em um barco. Quando o Salvador deixou o barco, o homem correu até Ele.

211. Jesus conversa com o espírito maligno

Mateus 8

Jesus disse ao espírito maligno para sair do homem. O espírito maligno sabia que Jesus era o filho de Deus. Ele pediu a Jesus para não machucá-lo. Quando o Salvador perguntou ao espírito maligno qual era o nome dele, ele disse:

– Meu nome é Legião (que significa "muitos").

Muitos espíritos malignos estavam no homem. Eles pediram para Jesus deixá-los entrar no corpo de alguns porcos que estavam por perto. Os espíritos entravam em muitos porcos. Jesus concordou. Então eles deixaram o homem e foram para o corpo dos porcos. Os porcos se jogaram do precipício em direção ao mar e afundaram.

212. Os cuidadores de porcos

Mateus 8

Os homens que tomavam conta dos porcos correram para a cidade e contaram ao povo o que havia acontecido. As pessoas vieram e viram Jesus e o homem selvagem. Porém, o homem já não era mais selvagem. Isso fez as pessoas ficarem com medo de Jesus. Elas pediram a Ele para ir embora. Ele retornou ao barco. O homem que fora curado quis ir com Jesus. O Salvador disse a ele que, ao invés de acompanhá-lo, ele deveria voltar para casa e contar aos amigos o que havia acontecido com ele. O homem fez conforme Jesus falou.

213. O homem que não podia andar

Mateus 9

Um dia, Jesus estava ensinando um grupo de pessoas em uma casa. Alguns homens carregaram o amigo deles em cima de uma maca para ver Jesus. O amigo não podia andar. Os homens não podiam levá-lo para dentro da casa por causa de todas as pessoas. Os homens levaram o amigo para o telhado. Eles removeram parte do telhado e baixaram o amigo para dentro da casa. Quando viu a grande fé desses homens, Jesus disse ao homem doente que os pecados dele estavam perdoados. Ele disse-lhe para pegar sua maca e ir para casa. O homem levantou-se. Ele estava curado. Então, pegou a maca e foi para casa. Ele ficou muito grato a Deus.

214. A filha de Jairo está doente

Marcos 5

Certo dia, Jairo, um dos principais da sinagoga, caiu aos pés do Salvador. Jairo disse que sua filha de 12 anos de idade estava muito doente. Ele implorou a Jesus para ir e abençoá-la. Ele acreditava que Jesus poderia fazê-la melhorar. Jesus estava seguindo Jairo até sua casa, porém, parou para curar uma mulher. Enquanto estava falando com ela, alguém veio contar para Jairo que era tarde demais - a filha dele havia morrido. Jesus ouviu o que fora dito. Ele disse a Jairo para não ter medo e para acreditar nEle. Então, Jesus foi com Jairo até sua casa. A casa estava cheia de pessoas, que estavam chorando por causa da morte da menininha.

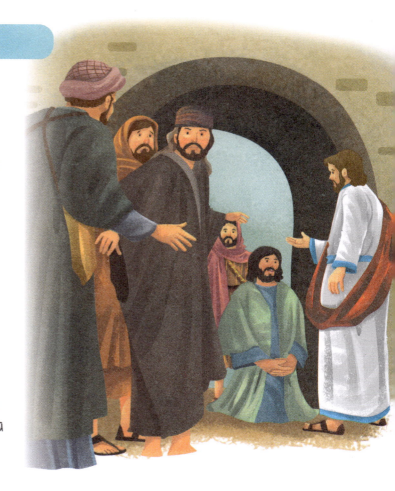

215. A filha de Jairo é ressuscitada dos mortos

Marcos 5

Jesus disse para as pessoas que a menina não estava morta, mas sim dormindo. As pessoas riram dEle. Elas tinham certeza de que a menina estava morta. O Salvador pediu para que todos saíssem da casa, exceto seus discípulos, Jairo e a esposa de Jairo. Eles foram até o quarto onde a menininha estava deitada. Jesus pegou a menina pela mão. Ele disse a ela para se levantar. Ela ficou de pé e andou. Seus pais ficaram admirados. Jesus disse a eles para não contarem a ninguém o que havia acontecido. Então, Ele disse aos pais que dessem algo de comer a ela.

216. Jesus visita sua antiga casa

Lucas 4

Jesus foi para Nazaré, onde havia sido criado. Como era seu costume, Ele foi à sinagoga no sábado e levantou-se para ler a lição. E foi-Lhe dado o livro do profeta Isaias. E, quando abriu o livro, achou o lugar em que estava escrito: "O espírito do Senhor é sobre mim, pois que me ungiu para evangelizar os pobres, enviou-me a curar os quebrantados do coração e apregoar a liberdade aos cativos, a dar vista aos cegos, a pôr em liberdade os oprimidos, a anunciar o ano aceitável do Senhor".

217. Jesus rola o pergaminho

Lucas 4

Então, tendo rolado o pergaminho, Ele tornou a dá-lo ao ministro e sentou. Como Ele passou a ensinar na sinagoga, muitos que o ouviam ficavam surpresos e disseram:

- Onde Ele obteve esses ensinamentos? O que é essa sabedoria que Lhe foi dada? E o que são esses atos maravilhosos de cura que Ele faz? Não é Ele o carpinteiro, o filho de Maria e irmão de Tiago, José, Judas e Simão? Não estão suas irmãs morando aqui entre nós?

Eles não acreditariam em Jesus. Ele foi ao redor das aldeias vizinhas ensinando.

218. Jesus chama seus amigos

Marcos 3

Jesus subiu a colina perto de Cafarnaum e chamou até Ele os homens que Ele queria, e eles foram a Ele. Jesus nomeou 12 para estar com Ele e sair para pregar, com poder para expulsar os maus espíritos. Estes foram os 12 discípulos: Simão, a quem Ele deu também o nome de Pedro; Tiago, filho de Zebedeu, e seu irmão João, a quem chamou de "Filhos do Trovão"; André; Filipe; Bartolomeu; Mateus; Tomás; Tiago, filho de Alfeu Tadeu; Simão, o Zelote; e Judas Iscariotes, que por fim o traiu.

219. Jesus na multidão

Marcos 3

Então Jesus entrou em uma casa e a multidão se reuniu novamente, de modo que era impossível até mesmo fazer uma refeição. Quando seus parentes souberam disso, partiram para encontrá-Lo e falar com ele, pois disseram:

– Ele está fora de si.

Do lado de fora, sua mãe e seus irmãos enviaram o recado para Ele sair e vir até eles. Ele estava no meio de uma multidão quando alguém lhe disse:

– Lá fora estão sua mãe, seus irmãos e suas irmãs procurando por você.

Ele respondeu:

– Quem são minha mãe e meus irmãos?

Então, olhando em volta para aqueles que estavam sentados em círculo ao redor dEle, disse:

– Aqui estão minha mãe e meus irmãos.

220. Os dois grandes mandamentos

Mateus 22

Certa vez, um doutor da lei perguntou a Jesus:

- Qual é o mais importante de todos os mandamentos?

Jesus respondeu:

- O mais importante é: "O Senhor nosso Deus é um só Senhor; e você amará o Senhor seu Deus com todo o seu coração, com toda a sua alma, com toda a sua mente e com toda a sua força".

O segundo é este: "Ame o seu próximo como você ama a si mesmo". Não há outro mandamento maior do que esses.

221. O sábio doutor da lei

Lucas 10

O doutor da lei disse a Ele:

- Mestre, você disse com razão e sinceridade: "Há um Deus e não há outro. Também para amá-lo, com todo o coração, com todo o entendimento e com todas as forças, e amar o próximo como se ama a si mesmo" é muito mais do que todas as ofertas queimadas e sacrifícios.

Quando Jesus viu que o doutor da lei tinha respondido sabiamente, disse a Ele:

- Você não está longe do Reino de Deus.

222. As recompensas da modéstia e do altruísmo

Lucas 14

Uma vez, Jesus entrou na casa de um fariseu de destaque para jantar. Quando Ele viu como os convidados escolheram os melhores lugares, deu-lhes este conselho:

- Quando alguém o convida para uma festa de casamento, não se sente no lugar de honra, pois talvez o anfitrião tenha convidado alguém de melhor posição social do que você. Então o anfitrião virá até você e dirá "Dê lugar a este homem" e, com vergonha, você tomará o derradeiro lugar. Ao invés disso, quando você for convidado, vá e sente-se no derradeiro lugar, para que quando seu anfitrião chegar, ele lhe diga "Amigo, sente-se mais para cima".

223. Dando um banquete

Lucas 14

Então Jesus disse ao anfitrião:

- Quando você oferecer um banquete ou uma ceia, não convide seus amigos, irmãos, parentes ou vizinhos ricos, para que eles o convidem em troca e você seja retribuído. Quando você der um banquete, convide o pobre, o aleijado, o manco e o cego. Então você será abençoado. Pois eles não têm meios de retribuir-lhe e você será recompensado quando os retos se levantarem dos mortos.

127

224. Pedro e Jesus

Mateus 19

Pedro disse a Ele:

- Mas nós deixamos tudo para segui-lo.

Jesus respondeu:

Eu lhes digo, não há ninguém que tenha saído de casa - ou irmãos, ou irmãs, ou mãe, ou pai, ou filhos ou terras por minha causa e pela boa causa - que não receba 100 vezes mais do que atualmente: casas, irmãos, irmãs, mães, filhos e terras, junto com a perseguição, e no tempo para a vida eterna. Mas muitos que são os primeiros agora serão os últimos e os últimos serão os primeiros.

225. Uma lição sobre dinheiro

Lucas 12

Um homem da multidão disse uma vez a Jesus:

- Mestre, diga ao meu irmão para me dar minha parte da propriedade que pertence a nós.

Jesus respondeu:

- Homem, quem Me fez seu juiz para dividir entre vocês?

Então para as pessoas Ele disse:

- Cuidem para que vocês não se tornem ávidos por riqueza, pois a vida não consiste em ter mais coisas do que você precisa.

E contou-lhes esta história:

- A terra de um certo homem rico deu grandes colheitas; então ele pensou consigo mesmo "O que devo fazer? Porque não tenho lugar para armazenar minhas colheitas...".

226. A verdadeira riqueza

Lucas 12

- Então ele disse "Isto é o que farei: derrubarei meus celeiros e construirei maiores, nos quais posso guardar todos os meus grãos e bens. E direi a mim mesmo: 'Agora você tem muitas coisas prontas para os muitos anos que virão; descanse, coma, beba e seja feliz'". Mas Deus disse a ele: "Homem tolo! Esta noite, pedirão a sua alma, e o que você tem preparado para quem o fará?". Assim é com o homem que estabelece riqueza para si mesmo, em vez daquele que, aos olhos de Deus, é a verdadeira riqueza.

227. Nenhum homem pode servir a dois senhores

Mateus 6

- Não ajunte tesouros na terra, onde a traça e a ferrugem destroem e onde os ladrões invadem e roubam; mas ajunte tesouros no céu, onde nem a traça nem a ferrugem destroem, e onde os ladrões não arrombam nem roubam. Pois, onde está o seu tesouro, o seu coração também estará. Nenhum homem pode servir a dois senhores: ou ele odiará um e amará o outro; ou então será leal a um e falso ao outro. Você não pode adorar a Deus e à riqueza.

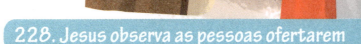

228. Jesus observa as pessoas ofertarem

Lucas 21

Certa vez, quando Jesus estava sentado em frente à tesouraria do templo, Ele observou o modo como as pessoas lançavam suas ofertas. Muitos homens ricos estavam lançando grandes somas, mas uma pobre mulher veio e lançou duas pequenas moedas no valor de menos de um centavo. Ele chamou seus discípulos e disse-lhes:

- Em verdade, digo a vocês que essa pobre viúva ofertou mais do que todos os outros que lançaram seu dinheiro na tesouraria, porque eles deram sua abundância; mas ela, de sua pobreza, deu tudo o que tinha, até mesmo aquilo que é necessário para mantê-la viva.

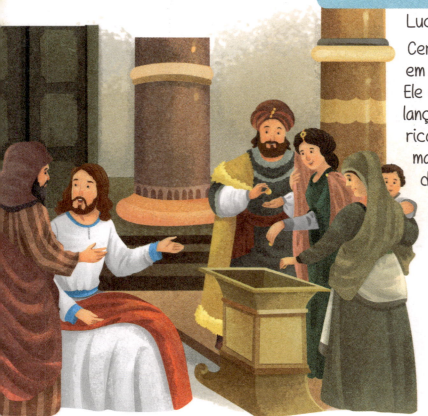

229. Uma mulher toca as vestes de Jesus

Lucas 8

Uma mulher tinha estado muito doente por 12 anos. Ela tinha ido a muitos médicos, mas eles não haviam conseguido ajudá-la. Um dia, ela viu Jesus cercado por muitas pessoas. Ela acreditava que seria curada apenas tocando suas vestes. Ela caminhou através da multidão e tocou em suas vestes. Ela foi curada imediatamente. Jesus virou-se e perguntou:

- Quem tocou minhas vestes?

A mulher ficou com medo. Ela se ajoelhou em frente ao Salvador e disse que O havia tocado. Jesus disse a ela que sua fé nEle a havia curado.

230. O convite de um fariseu

Lucas 7

Um fariseu pediu ao Salvador para que fosse à sua casa e comesse com ele. Uma mulher que tinha muitos pecados vivia na cidade. Ela sabia que Jesus estava comendo na casa do fariseu e queria fazer algo especial para Ele. Ela ajoelhou-se e lavou os pés do Salvador com suas lágrimas. Depois, secou os pés dEle com o cabelo dela e os beijou. Em seguida, também colocou óleo de cheiro doce neles.

231. Jesus perdoa uma mulher

Lucas 7

O fariseu sabia que a mulher tinha feito muitas coisas que eram erradas. Ele achava que Jesus não deveria ter deixado a mulher tocar nEle. O Salvador sabia o que o fariseu estava pensando. Ele disse ao fariseu que a mulher tinha feito mais para cuidar dEle do que o fariseu o tinha. O fariseu não tinha dado água ou óleo para Jesus lavar os pés ou a cabeça, como muitas vezes era feito para os convidados. Jesus disse ao fariseu que os pecados da mulher foram perdoados porque ela amava o Salvador e tinha fé nEle. Jesus disse à mulher para ir em paz.

232. Fazendo o trabalho de seu pai na Terra

João 5

Em um dia de festa judaica, o Salvador foi ao tanque de Betesda em Jerusalém. As pessoas acreditavam que, quando a água no tanque se movimentava, a primeira pessoa a entrar na água seria curada. Jesus viu, perto do tanque, um homem que tinha sido incapaz de andar por 38 anos. Era sábado. Jesus perguntou ao homem se ele queria ser curado. O homem disse que não poderia ser curado porque ele nunca poderia chegar à água primeiro.

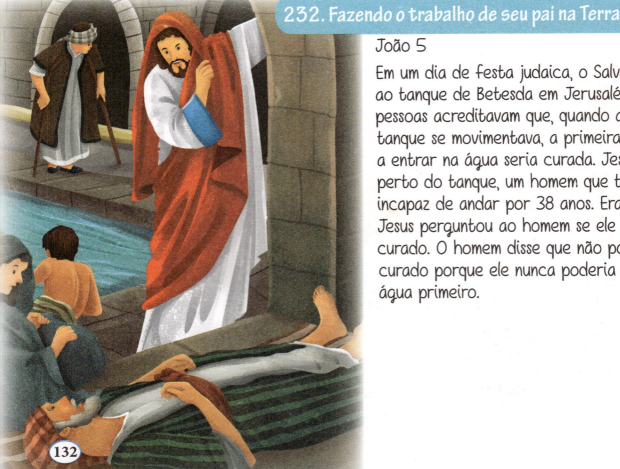

233. Jesus faz o homem andar

João 5

Jesus disse ao homem:

- Levante-se, tome sua cama e ande.

O homem foi imediatamente curado. Muitos judeus achavam que era um pecado fazer milagres no sábado. Jesus respondeu que estava fazendo apenas no sábado o que seu Pai faria. E assim Jesus continuou fazendo um milagre após o outro enquanto viajava de um lugar para outro.

234. Jesus alimenta cinco mil pessoas

Marcos 6

Alguns amigos de João Batista disseram a Jesus que João tinha sido morto pelo rei. Quando ouviu isso, Jesus foi para um lugar perto do mar da Galileia para ficar sozinho. Muitas pessoas sabiam onde Ele estava. Mais de cinco mil pessoas O seguiram para lá, esperando que Ele os ensinaria. Jesus ensinou-lhes muitas coisas. Era hora de comer, mas a maioria das pessoas não tinham comida alguma.

235. Pouco pão e poucos peixes foram trazidos

Marcos 6

Os discípulos de Jesus queriam que Ele enviasse o povo às aldeias mais próximas para comprar comida. Ele disse aos discípulos para verificarem se alguém havia trazido comida. Eles encontraram um menino que tinha cinco pães e dois peixinhos. Jesus disse a todas as pessoas para sentarem-se. Ele abençoou o pão e o peixe e partiu o alimento em pedaços. Os discípulos deram a comida para as pessoas. Houve mais do que suficiente para todos.

236. Jesus caminha sobre as águas

Mateus 14

Depois de alimentar as cinco mil pessoas, Jesus subiu em uma montanha para orar. Seus discípulos pegaram um barco para atravessar o mar da Galileia. Quando a noite chegou, o vento começou a soprar e as ondas ficaram altas. Tarde da noite, Jesus foi se juntar aos seus discípulos. Ele estava andando sobre as águas para chegar até o barco. Os discípulos O viram andando sobre a água. Eles ficaram com medo. Eles pensaram que Jesus fosse um espírito. Jesus chamou-lhes:

- Sou eu; não temam.

Pedro também queria andar sobre as águas.

237. Pedro quer andar sobre as águas

Mateus 14

Jesus disse para Pedro ir até ele. Pedro saiu do barco. Ele começou a andar sobre as águas em direção ao Salvador. Porque o vento estava soprando forte, Pedro teve receio. Ele começou a afundar na água e gritou para Jesus salvá-lo. O Salvador pegou a mão de Pedro. Ele perguntou a Pedro por que ele não tinha mais fé. Quando Jesus e Pedro foram para o barco, a tempestade parou. Todos os discípulos adoraram o Salvador. Eles sabiam que Ele era o Filho de Deus.

238. Jesus ensina o que significa ser limpo

Mateus 15

Os fariseus e alguns dos escribas que tinham vindo de Jerusalém foram juntos até Jesus porque tinham visto que alguns de seus discípulos comiam a comida sem lavar as mãos, enquanto os escribas achavam necessário lavar. Os fariseus e todos os judeus sempre lavavam as mãos até os pulsos antes de comer. Então os fariseus e os escribas perguntaram-lhe:

- Por que seus discípulos não obedecem ao costume antigo e comem alimentos sem lavar as mãos?

Jesus disse a eles:

- Isaías profetizou sobre vocês, hipócritas: "Este povo me honra com seus lábios, mas seu coração não está comigo; sua adoração é inútil, pois eles ensinam o que são ordens de homens". Vocês deixam de lado o mandamento de Deus e seguem o dos homens.

135

239. Os ensinamentos de Moisés

Mateus 15

Deus ordenou a Moisés e ao povo, dizendo: "Honre seu pai e sua mãe" e "Aquele que fala mal do pai ou da mãe morrerá". Mas vocês dizem: "Se um homem diz ao pai ou à mãe: 'É oferta ao Senhor o que você poderia aproveitar de mim', então esse não precisa honrar nem a seu pai nem a sua mãe'". Dessa maneira, vocês deixam de lado o mandamento de Deus em favor do ensino que vocês transmitiriam e fazem muitas outras coisas como querem.

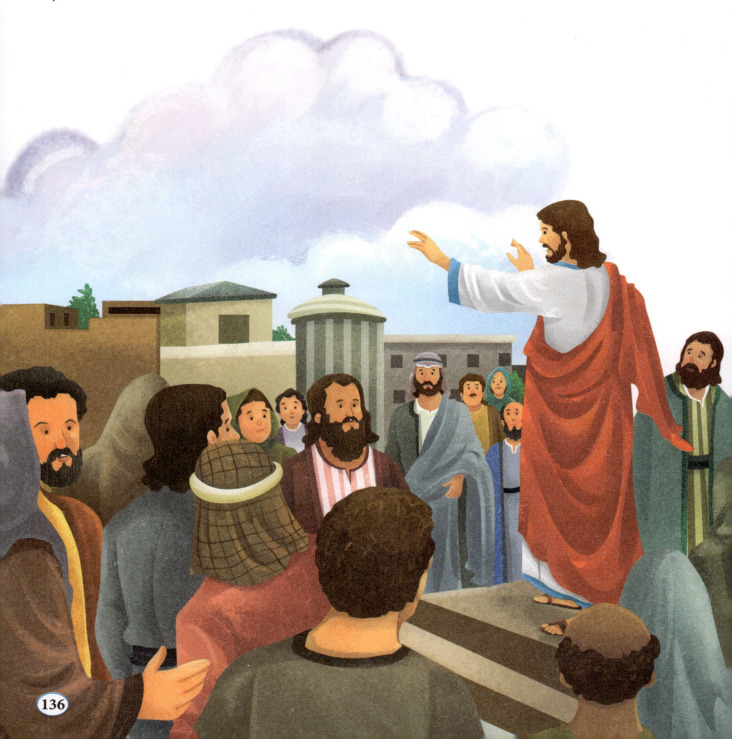

240. A multidão ouve Jesus

Mateus 15

Então, chamando a multidão para Ele novamente, disse-lhes:

- Ouçam-me, todos vocês, e entendam. O que contamina o homem não é o que entra na boca, mas o que sai da boca, isso é o que contamina o homem. É o que vem dele que o faz impuro. Do coração do homem vêm maus pensamentos, atos de roubo, assassinatos, ganância, maldades, enganações, pensamentos impuros, invejas, calúnias, orgulho e imprudência. Todas essas coisas ruins vêm de dentro e elas fazem um homem imundo.

241. O pão da vida

João 6

No dia seguinte, muitas pessoas tentaram encontrar Jesus. Elas o seguiram até Cafarnaum em barcos. Jesus sabia que elas queriam que Ele as alimentasse novamente. Jesus ensinou-lhes que o pão poderia mantê-los vivos por apenas um curto período de tempo. Ele disse que havia um outro tipo de pão que elas deveriam procurar: o pão de vida. Jesus ensinou as pessoas que Ele sacrificaria sua vida por elas. Ele disse que se elas O seguissem e cressem nEle, ganhariam a vida eterna.

242. Os fariseus falam com Jesus

Lucas 13

Certos fariseus foram até Jesus e disseram-lhe:

- Vá embora daqui; pois Herodes deseja matá-Lo.

Ele lhes disse:

- Vá e digam àquela raposa: "Eis que Eu expulso espíritos malignos e curo os doentes hoje e amanhã, mas no terceiro dia devo seguir meu caminho; pois não pode ser que um profeta seja morto em qualquer lugar, exceto em Jerusalém".

Jesus saiu de Cafarnaum e foi para a terra de Tiro e Sidom. Ao ir para uma casa, desejou que ninguém deveria saber que Ele estava lá.

243. A cura da mulher encurvada

Lucas 13

Certo sábado, Jesus estava ensinando numa das sinagogas. Ali, estava uma mulher que tinha um espírito que a mantinha doente havia 18 anos. Ela andava encurvada e de forma alguma conseguia endireitar-se. Ao vê-la, Jesus chamou-a à frente e lhe disse:

- Mulher, você está livre da sua doença.

Então lhe impôs as mãos e imediatamente ela se endireitou, louvando a Deus.

244. Jesus cura um surdo

Marcos 7

Jesus novamente deixou a terra de Tiro e passou através de Sidom ao mar da Galileia, cruzando a terra de Decápolis. Algumas pessoas trouxeram um homem para Jesus. O homem era surdo e não podia falar bem. O povo queria que o Salvador o curasse. Jesus levou o homem para longe dos outros. Ele colocou seus dedos nos ouvidos do homem, tocou a língua do homem e abençoou-o. Agora o homem podia ouvir e falar. As pessoas conseguiam entendê-lo. Jesus pediu às pessoas para não contarem a ninguém o que tinha acontecido, mas elas contaram a todos.

245. Pedro reconhece Cristo

Mateus 16

Jesus perguntou aos seus discípulos quem o povo achava que Ele era. Os discípulos responderam que algumas pessoas achavam que Jesus era João Batista. Outros achavam que Ele era um profeta do Antigo Testamento. Jesus perguntou aos seus discípulos. Pedro disse:

– Você é o Cristo, o Filho do Deus vivo.

Jesus prometeu a Pedro que daria a ele a autoridade para liderar a sua igreja. Então, Pedro e os discípulos estabeleceriam a igreja de Jesus na Terra.

246. Jesus aconselha os discípulos

Mateus 26

Jesus disse aos Seus discípulos para ainda não falarem a ninguém que Ele era o Cristo. Primeiro, Ele precisava sofrer, ser morto e ressuscitar dos mortos no terceiro dia. Jesus levou Pedro, Tiago e João para o topo de uma montanha alta para orar. Enquanto Jesus orava, a glória de Deus veio sobre Ele. Seu rosto estava brilhante como o Sol. Dois profetas do Antigo Testamento chamados Moisés e Elias apareceram para Ele. Eles falaram sobre Sua morte, que estava por vir, e Sua ressurreição. Enquanto Jesus estava orando, os apóstolos adormeceram.

247. Os apóstolos veem Jesus, Moisés e Elias

Mateus 17

Quando os apóstolos acordaram, viram a glória de Jesus Cristo, Moisés e Elias. Eles ouviram a voz do Pai Celestial testificar:

— Este é o meu Filho amado, em quem me comprazo; escutem-No.

Os apóstolos ficaram com medo e se ajoelharam, encostando o rosto no chão. Jesus tocou neles e disse-lhes para não terem medo. Quando eles olharam para cima, os mensageiros celestiais haviam ido. Jesus disse aos apóstolos para não contarem a ninguém o que eles tinham visto, apenas depois que Ele tivesse morrido e ressuscitado.

248. Jesus diz como alguém pode se tornar grande

Marcos 9

Deixando Cesareia de Filipe, Jesus e seus discípulos passaram pela Galileia; mas Ele não queria que ninguém soubesse disso, porque Ele estava ensinando seus discípulos.

Ele lhes disse:

- O Filho do Homem será traído e os homens vão matá-lo, mas em três dias ele se levantará dos mortos.

Porém, eles não entenderam o que Ele quis dizer e ficaram com medo de perguntar. Quando chegaram a Cafarnaum e estavam em casa, Ele lhes perguntou:

- O que vocês estavam discutindo no caminho?

249. Quem é o maior

Marcos 9

Eles não deram resposta, pois estavam disputando no caminho sobre qual deles era o maior. Sentando-se, Jesus chamou os 12 discípulos e disse:

- Se alguém quiser ser o primeiro, será o derradeiro de todos e o servo de todos.

Então lançou mão de uma criancinha e colocou-a ao lado dEle. E, com o braço em volta dela, disse-lhes:

- Qualquer um que receber uma destas crianças em Meu nome, Me recebe; e qualquer um que a Mim receber não receberá somente a Mim, mas a Deus, que Me enviou.

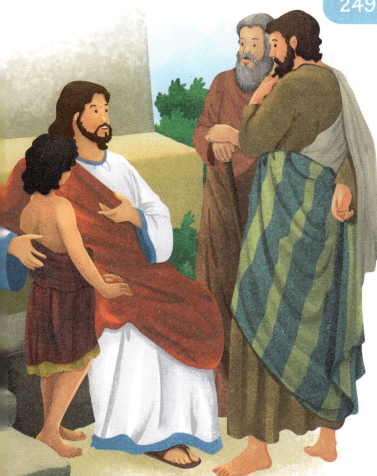

250. O menino com um espírito maligno

Marcos 9

Um dia, um homem pediu ao Salvador que ajudasse seu filho. O menino tinha um espírito maligno nele. Os discípulos já tinham tentado curar o menino, mas não haviam conseguido. Jesus mandou o homem trazer seu filho. Quando o menino veio, o espírito maligno o fez cair ao chão. O Salvador perguntou por quanto tempo o espírito maligno tinha estado no menino. O pai disse que estava nele desde criança. Jesus disse que ele poderia curar o filho se o pai tivesse fé. O pai começou a chorar. Ele disse que tinha fé, porém, pediu a Jesus para ajudá-lo a ter ainda mais fé.

251. O menino é curado

Marcos 9

Jesus ordenou que o espírito maligno deixasse o corpo do menino e nunca mais entrasse nele outra vez. O espírito maligno ficou zangado. Ele machucou o menino novamente. Em seguida, ele obedeceu a Jesus e saiu. O menino estava tão quieto que muitas pessoas disseram que ele estava morto. Mas Jesus pegou a mão dele e ajudou-o a se levantar. O menino estava curado. O espírito maligno foi embora. Os discípulos perguntaram a Jesus por que eles não tinham sido capazes de fazer o espírito maligno deixar o corpo do menino. Jesus disse-lhes que às vezes eles precisavam jejuar e orar para que uma pessoa fosse curada.

252. Ame seu próximo

Lucas 10

Jesus contou muitas histórias - ou parábolas - para ajudar as pessoas a aprenderem a verdade. Um dia, um líder dos judeus perguntou a Jesus o que deveria fazer para ter a vida eterna. O Salvador perguntou-lhe o que as escrituras diziam. O líder disse que um homem deveria amar a Deus e também amar seu próximo. Jesus disse que ele estava certo. Então o líder perguntou:

- Quem é o meu próximo?

Jesus respondeu contando uma história ao homem.

253. O bom samaritano

Lucas 10

Um dia, um homem judeu estava caminhando na estrada para a cidade de Jericó. Ladrões o assaltaram e bateram nele. Eles deixaram o homem na estrada, quase morto. Logo um sacerdote judeu veio e viu o homem. O sacerdote passou pelo outro lado da estrada. Ele não ajudou o homem. Outro judeu que trabalhava no templo apareceu. Ele viu o homem ferido, mas também não o ajudou e passou pelo outro lado da estrada.

254. O samaritano ajudou

Lucas 10

Então um homem samaritano apareceu. Os judeus e os samaritanos não ficavam juntos. Mas, quando o samaritano viu o homem, sentiu pena dele. Ele cuidou das feridas do homem e colocou roupas nele. O samaritano levou o homem até uma hospedaria e cuidou dele até o dia seguinte. Quando o samaritano teve que sair, ele deu dinheiro para o estalajadeiro e disse a ele para cuidar do homem.

Depois que Jesus contou essa história, Ele perguntou ao líder judeu qual dos três homens era o próximo do homem ferido. O líder disse que era o samaritano, pois foi quem ajudou o homem. Jesus disse ao líder judeu para ser como o samaritano.

255. Jesus conta parábolas

Lucas 15

Um dia, Jesus estava comendo e conversando com pessoas que muitos pensavam que eram pecadores. Alguns fariseus o viram. Os fariseus acreditavam que os homens bons não deviam falar com os pecadores. Eles achavam que Jesus não era um bom homem porque Ele estava falando com os pecadores. O Salvador queria ajudar os fariseus a entender por que Ele estava com os pecadores. Ele contou-lhes três parábolas.

256. A primeira parábola: A ovelha perdida

Lucas 15

A primeira parábola foi sobre uma ovelha perdida. Um bom pastor tinha 100 ovelhas. Uma delas estava perdida. O pastor deixou as 99 ovelhas para procurar a perdida. Quando a encontrou, ele ficou muito feliz. O pastor levou a ovelha de volta para casa. Ele chamou todos os seus amigos e vizinhos para virem e ficarem felizes com ele. Ele havia encontrado a ovelha perdida.

257. Jesus fala aos fariseus

Lucas 15

Jesus Cristo contou aos fariseus o que a parábola significava. Ele disse que aqueles que pecam são como a ovelha perdida. Assim como o pastor quis salvar a ovelha perdida, Jesus quer salvar aqueles que pecam. Jesus disse que era por isso que Ele estava conversando com pecadores. Assim como o pastor ficou muito feliz quando encontrou a ovelha perdida, Jesus fica muito feliz quando nos arrependemos.

258. A segunda parábola: A moeda perdida

Lucas 15

Uma mulher tinha dez moedas de prata. Ela perdeu uma das moedas. Depois de procurá-la por toda a casa, finalmente encontrou-a. Ela ficou muito feliz e convocou suas amigas e vizinhas para contar-lhes sobre o ocorrido. Elas também ficaram felizes por ela ter encontrado a moeda perdida. Jesus disse que os líderes da igreja e os membros são como a mulher da história.

259. Jesus faz um pedido

Lucas 15

Jesus disse que a moeda perdida é como um membro da igreja que não vai mais à igreja ou não tenta viver os mandamentos. É como se eles estivessem perdidos da igreja. Jesus Cristo pede aos membros da igreja para encontrarem seus irmãos (ou irmãs) perdidos e ajudá-los a voltar para Ele. Também disse que fica muito feliz quando isso acontece. As amigas e vizinhas na história são como os anjos de Deus que se alegram por um pecador que se arrepende.

260. A terceira parábola: O filho pródigo

Lucas 15

Um homem tinha dois filhos. Ele prometeu dar seu dinheiro para eles quando morresse. O filho mais novo não queria esperar. Ele pediu ao pai por sua parte do dinheiro. O pai deu a ele. O filho pegou o dinheiro e saiu de casa. Ele foi para outra terra. O filho pecou de novo e de novo. Ele gastou todo o dinheiro.

261. O filho pródigo quer voltar para casa

Lucas 15

Por fim, o filho não tinha mais dinheiro para comprar comida. Ele estava com muita fome e pediu ajuda a um homem. O homem contratou-o para alimentar seus porcos. O filho estava com tanta fome que quis comer a comida dos porcos. Ele sabia que os servos da casa de seu pai tinham melhor alimento para comer do que ele. Então, decidiu arrepender-se e pedir para ser um servo na casa de seu pai. Quando o filho estava voltando para casa, seu pai o viu chegando. O pai correu para encontrar o filho. Ele colocou os braços ao redor dele e beijou-o.

147

262. O filho pródigo é bem-vindo em casa

Lucas 15

Depois de abraçar o pai, o filho disse-lhe:

— Pai, pequei contra o céu e perante você e já não sou digno de ser chamado de seu filho.

Porém, disse o pai aos seus servos:

— Tragam depressa a melhor roupa e vistam-no; coloquem um anel na mão dele e sandálias nos pés; tragam o bezerro cevado e vamos comer e nos alegrar, porque este meu filho estava morto e reviveu, tinha-se perdido e foi achado. E começaram a alegrar-se e a comemorar.

263. O filho mais velho fica zangado

Lucas 15

Um servo disse ao filho mais velho que seu irmão mais novo havia voltado para casa. Seu pai queria que todos comemorassem. O filho mais velho ficou zangado e não quis entrar em casa. O pai saiu para falar com ele. O pai agradeceu ao filho mais velho por sempre ter ficado com ele. Tudo o que o pai tinha seria dele. Também lhe explicou que era certo comemorar. Ele estava feliz porque seu filho mais novo havia se arrependido e retornado para casa.

264. Jesus explica as parábolas

Lucas 15

Jesus contou as três parábolas aos fariseus porque ele queria que eles soubessem o quanto o Pai Celestial ama a todos. Ele ama as pessoas que o obedecem. Ele também ama os pecadores, mas o Pai Celestial não pode abençoá-los até que eles se arrependam. Ele quer que os pecadores se arrependam e voltem para ele. E ele quer que nós o ajudemos a fazer isso ficando felizes quando eles retornarem.

265. Os dez leprosos

Lucas 17

Jesus foi para uma pequena cidade onde viu dez leprosos. Leprosos são pessoas doentes. A doença deles faz com que tenham feridas terríveis por todo o corpo. Os médicos não podiam ajudar os leprosos. As pessoas tinham medo de chegar perto deles, pois ninguém queria ficar doente também. Os leprosos pediram a Jesus para curá-los. Eles sabiam que Ele poderia fazer com que suas feridas fossem embora. Jesus queria que eles ficassem bem. Ele lhes disse para irem e mostrarem-se aos sacerdotes. A caminho dos sacerdotes, os dez leprosos foram curados. Suas feridas sumiram. Um dos leprosos sabia que Jesus os tinha curado. Ele voltou para lhe agradecer.

266. O fariseu e o publicano

Lucas 18

Um dia, o Salvador conversava com algumas pessoas que pensavam que eram mais justas do que outras pessoas. Jesus contou-lhes uma história: "Dois homens foram ao templo para orar. Um era fariseu e o outro era um publicano, que é um cobrador de impostos. As pessoas não gostavam de cobradores de impostos. Eles achavam que os cobradores de impostos não eram honestos. O fariseu ficou na frente dos outros para orar. Ele agradeceu a Deus por ser melhor que as outras pessoas. Ele dizia que jejuava duas vezes por semana e pagava o dízimo. O publicano ficou sozinho, inclinou a cabeça e orou:

– Deus, seja misericordioso comigo, que sou pecador.

267. Seja como o publicano

Lucas 18

O fariseu achava que ele era perfeito e que não precisava da ajuda de Deus. Já o publicano sabia que ele não era perfeito e que precisava da ajuda de Deus. Ele foi humilde e pediu a Deus para perdoá-lo. Jesus dizia que as pessoas deveriam ser como o publicano. Elas não deveriam pensar que eram melhores do que outras pessoas. Elas deveriam se arrepender de seus pecados e pedir a Deus que as perdoasse.

268. A parábola do semeador

Mateus 13

Jesus contou aos seus discípulos e a muitas outras pessoas uma parábola sobre um semeador que plantou sementes em seu campo.

- Algumas das sementes caíram em um caminho e os pássaros as comeram. Algumas das sementes caíram em solo rochoso, onde cresceram. Mas como as raízes não cresceram profundamente, o sol quente queimou as plantas. Outras sementes caíram entre ervas daninhas e foram sufocadas. E ainda outras sementes pousaram em solo bom, onde cresceram e tornaram-se plantas saudáveis, que deram muitos frutos.

269. O significado da parábola

Mateus 13

Os discípulos não entenderam o significado oculto por trás da parábola. Jesus explicou:

- Eu sou o semeador, que está divulgando a mensagem do Evangelho. Se o coração de uma pessoa é duro, como o caminho endurecido no campo, ela não receberá minha mensagem em seu coração. Então, há pessoas que acham que querem me seguir. No começo, elas dizem que Me aceitam, mas depois você pode dizer que a vida delas não mudou, porque elas não deram frutos. E, por fim, aquelas que receberem minha mensagem em seu coração e deixarem essa mensagem fazer parte de sua vida, essas pessoas darão frutos - elas farão muitas grandes coisas por Mim.

270. Um homem cego

João 9

Um dia, Jesus estava andando com seus discípulos. Eles viram um homem que havia nascido cego. Os discípulos perguntaram se o homem era cego porque pecara ou porque seus pais haviam pecado. O Salvador disse que nem os pais nem o homem havia pecado. O homem era cego para que Jesus pudesse curá-lo e mostrar às pessoas o poder de Deus. Jesus cuspiu na terra e, com a saliva, fez lodo, e untou com o lodo os olhos do cego. Jesus disse ao homem para ir lavar os olhos no tanque de Siloé. Assim que o homem lavou o lodo de seus olhos, pôde enxergar! Quando seus vizinhos o viram, não tinham certeza de quem ele era. Ele contou-lhes que Jesus o havia curado.

271. A cura do homem cego

João 9

Os vizinhos levaram o homem até os fariseus. O homem disse aos fariseus que Jesus o curara. Alguns dos fariseus achavam que Jesus devia ser um homem justo. Outros achavam que Ele era um pecador. Quando o homem disse que Jesus era uma pessoa justa, alguns dos fariseus ficaram com raiva e expulsaram o homem. Jesus encontrou o homem. Ele perguntou ao homem se ele acreditava no Filho de Deus. O homem perguntou quem era o Filho de Deus. Jesus disse que Ele era o Filho de Deus e o homem O adorou.

272. O bom pastor

Mateus 19

Um pastor cuida de ovelhas. Jesus Cristo se autointitulava "o bom pastor". Ele era pastor das pessoas. Ele ensinou como viver, para que todos possam retornar ao Pai Celestial. Ele deu a Sua vida pelas pessoas. Uma vez, Jesus estava indo para Jerusalém. Ao longo do caminho, algumas pessoas queriam que Jesus abençoasse seus filhos. Os discípulos disseram ao povo para não incomodar Jesus. Mas Jesus Cristo ama as crianças. Ele disse aos discípulos que deixassem as crianças irem até ele. Jesus também disse aos discípulos que eles deveriam ser como as criancinhas. Então eles poderiam viver com Deus, no céu.

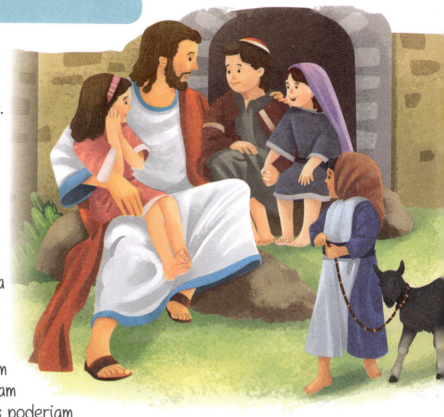

273. O jovem rico

Mateus 19

Um dia, um jovem rico foi até Jesus e perguntou-Lhe o que deveria fazer para ir para o céu. O Salvador disse-lhe para amar e honrar seus pais, não matar ninguém, nem mentir ou roubar. O jovem rico falou que sempre obedeceu aos mandamentos. Jesus disse ao jovem que ele precisava fazer mais uma coisa. Ele precisava vender tudo o que possuía e dar o dinheiro para os pobres. Depois, o jovem deveria segui-Lo. O jovem rico não queria dar tudo o que tinha.

274. Jesus explica as dificuldades da riqueza

Mateus 19

O jovem amava as coisas que possuía mais do que amava a Deus. O jovem saiu sentindo-se triste. O Salvador disse a seus discípulos que é difícil para aqueles que amam as riquezas ir para o céu. Os discípulos não entenderam. Eles perguntaram quem podia viver com Deus. Jesus disse que as pessoas que confiam em Deus e O amam mais do que qualquer outra coisa podem viver com Ele no céu.

275. Jesus vai ao encontro de Lázaro

João 11

Um homem chamado Lázaro vivia em Betânia com suas irmãs Maria e Marta. Jesus amava Lázaro e as irmãs dele, e eles amavam a Jesus. Certa vez, Lázaro ficou muito doente. O Salvador estava em outra cidade. Maria e Marta mandaram uma mensagem para ele dizendo que Lázaro estava doente.

O Salvador pediu aos discípulos para irem com Ele, a fim de ajudar Lázaro. Os discípulos ficaram com medo de ir para Betânia, pois ficava perto de Jerusalém. Algumas pessoas em Jerusalém queriam matar Jesus.

276. Jesus diz que Lázaro está morto

João 11

Jesus disse aos discípulos que Lázaro estava morto. Ele disse que iria trazê-lo de volta à vida. Esse milagre ajudaria os discípulos a saberem que Ele era o Salvador. Jesus foi para Betânia. Quando chegou lá, Lázaro estava morto há quatro dias. Marta disse a Jesus que Lázaro ainda estaria vivo se Ele tivesse vindo antes. Jesus disse que Lázaro viveria novamente. Ele perguntou a Marta se ela acreditava nEle. Marta disse que sim. Ela sabia que Jesus era o Salvador. Marta deixou Jesus para pegar sua irmã, Maria.

277. Jesus traz Lázaro de volta à vida

João 11

Maria também foi ao encontro de Jesus. Muitas pessoas a seguiram. Maria se ajoelhou chorando aos pés do Salvador. As pessoas que a acompanhavam também estavam chorando. Jesus perguntou onde estava o corpo de Lázaro. Em seguida, foi até o túmulo onde Lázaro fora enterrado. Havia uma pedra na entrada dele. Ele disse às pessoas para moverem a pedra. Jesus olhou para cima e agradeceu ao Pai Celestial por ouvir suas orações. Então, em voz alta, Jesus disse para Lázaro sair da caverna. Lázaro veio para fora. Muitas das pessoas que viram o milagre agora acreditavam que Jesus era o Salvador.

278. O Salvador vai para Jerusalém

João 12

Algumas pessoas contaram aos sacerdotes e aos fariseus que Jesus trouxera Lázaro de volta à vida. Os fariseus achavam que todos acreditariam em Jesus. Eles temiam que ninguém os ouvisse. Então os fariseus planejaram uma maneira de matar Jesus. Eles esperavam que Ele fosse até Jerusalém para a festa da Páscoa. Jesus foi para Jerusalém. Muitas pessoas souberam que Ele estava indo e foram ao encontro dEle. Jesus montava um jumentinho pela cidade. Um profeta escreveu que o Filho de Deus faria isso.

279. Jesus é recebido em Jerusalém

João 12

Muitas pessoas acreditavam que Jesus era o Filho de Deus. Elas colocaram galhos de palmeiras e algumas de suas roupas no chão, para que Ele passasse. Elas gritaram hosana e disseram que Jesus era o rei deles. As pessoas em Jerusalém foram ver o que estava acontecendo. Elas perguntavam quem era Jesus. As pessoas na multidão diziam-lhes que Ele era um profeta de Nazaré. Os fariseus ficaram irritados. Eles não queriam que as pessoas acreditassem que Jesus era o Salvador. Jesus sabia que os fariseus queriam matá-lo. Ele disse aos discípulos que em breve morreria. Ele sofreria pelos pecados de todas as pessoas e então morreria na cruz. Ele era o Salvador do mundo. Foi por isso que Ele veio à Terra.

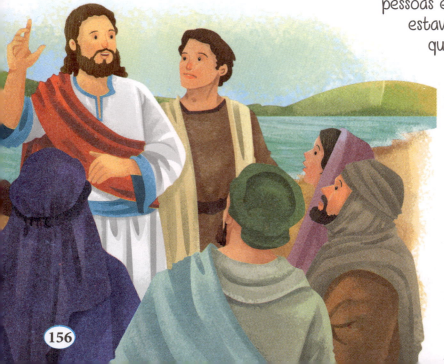

280. Os réis da viúva

Marcos 12

Jesus foi ao templo em Jerusalém. Ele viu como as pessoas davam dinheiro para a igreja. Muitas pessoas ricas davam bastante dinheiro. Uma pobre viúva deu duas moedas de cinco réis. Não era muito dinheiro, mas era todo o dinheiro que ela tinha. Jesus viu a viúva e contou aos discípulos o que ela havia feito. Ele disse que as pessoas ricas tinham dado uma quantia maior de dinheiro do que ela, porém, elas tinham mais a oferecer. A viúva não tinha mais dinheiro. Ela deu tudo o que tinha. Ela deu mais a Deus do que todas as pessoas ricas.

281. A segunda vinda de Jesus

Mateus 24

Jesus estava no Monte das Oliveiras. Seus discípulos queriam fazer-Lhe algumas perguntas. Eles perguntaram quando o ímpio seria destruído. Também queriam saber quando Jesus viria novamente. Jesus disse-lhes que antes de sua segunda vinda, falsos profetas afirmariam ser o Cristo. Muitas pessoas os perseguiriam. Mas, se seus seguidores obedecessem às suas palavras, não seriam enganados pelos falsos profetas e seriam salvos. Jesus também disse que, antes de voltar, aconteceriam muitas guerras, fome, doenças terríveis e terremotos. Muitas pessoas deixariam de ajudar as outras e se tornariam más.

282. A parábola das dez virgens

Mateus 25

Jesus contou uma parábola sobre dez jovens mulheres que foram a um casamento. Elas esperaram pelo noivo vir para deixá-las entrar. Porém, elas não sabiam a que horas ele viria. As dez mulheres tinham lamparinas a óleo. Cinco das mulheres eram sábias. Elas carregavam óleo extra consigo. As outras cinco mulheres eram tolas. Elas só tinham o óleo que estava em suas lamparinas. O noivo demorou muito tempo para vir. O óleo das lamparinas acabou. As cinco mulheres sábias tinham mais óleo para colocar em suas lamparinas. As cinco mulheres tolas tiveram que sair para comprar mais óleo.

283. Jesus explica o significado da parábola

Mateus 25

Enquanto elas saíram, o noivo veio. Ele deixou as cinco mulheres sábias entrarem no casamento. Quando as cinco mulheres tolas retornaram, a porta estava fechada. Elas não puderam ir ao casamento. Jesus é como o noivo nesta história. Os membros da igreja são como as dez mulheres. Quando Jesus voltar, alguns membros estarão prontos. Eles terão obedecido aos mandamentos de Deus. Outros não estarão prontos. Eles não poderão estar com o Salvador quando Ele voltar.

284. Os dez talentos

Mateus 25

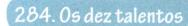

Jesus contou aos seus discípulos uma parábola sobre um homem que deu aos servos alguns talentos. Um talento era uma grande quantia de dinheiro. O homem deu a um servo cinco talentos. Para outro servo, deu dois talentos. Para um terceiro servo, deu um talento. Então, o homem saiu em viagem. O servo com cinco talentos trabalhou duro e ganhou mais cinco talentos. Ele agora tinha dez talentos. O servo com dois talentos também trabalhou duro. Ele ganhou mais dois talentos. Ele agora tinha quatro talentos. O servo com um talento enterrou-o no solo. Ele ficou com medo de perdê-lo. Diferentemente dos outros dois, ele não trabalhou para ganhar mais talentos.

285. Jesus explica a parábola dos dez talentos

Mateus 25

Quando o homem voltou, perguntou aos servos o que eles tinham feito com seus talentos. O primeiro servo trouxe dez talentos e o deixou muito contente. Ele fez do servo um líder sobre muitas coisas e disse-lhe para ser feliz. O segundo servo trouxe ao homem quatro talentos. Isso também deixou o homem contente. Ele fez do segundo servo um líder sobre muitas coisas e disse-lhe para ser feliz. O terceiro servo devolveu ao homem o talento que tinha enterrado. O homem não ficou contente. Ele disse que o servo fora preguiçoso e que deveria ter trabalhado duro para ganhar mais talentos. O homem tomou o talento do terceiro servo e deu-o ao primeiro servo. Depois, ele mandou o servo preguiçoso embora. O homem da história é como Jesus. Nós somos como os servos. Jesus julgará como cada um de nós utiliza os dons que nos foram dados.

286. O primeiro sacramento

Mateus 26

Todos os anos, os judeus realizavam uma festa chamada Páscoa. Isso ajudava o povo judeu a lembrar-se de que Deus salvara seus antepassados no tempo de Moisés. Jesus e os 12 apóstolos precisavam de um lugar para comer a ceia da festa de Páscoa. O Salvador enviou Pedro e João para que encontrassem um local e deixassem tudo pronto para a ceia. Eles encontraram um local e prepararam a ceia. Jesus e todos os apóstolos foram para lá. Eles comeram a ceia de Páscoa juntos. Jesus deu o sacramento para seus apóstolos pela primeira vez. Ele tomou o pão nas mãos, abençoou-o e depois o partiu em pedaços. Ele disse aos apóstolos para comerem o pão. Jesus disse-lhes que pensassem no corpo dEle quando comessem o pão. Ele pediu-lhes para se lembrarem de que Ele morreria por eles.

287. O primeiro sacramento continuou

Mateus 26

Jesus colocou vinho em um cálice, abençoou-o e disse aos apóstolos para beberem. Também disse-lhes que pensassem no sangue dEle quando bebessem o vinho. Ele pediu-lhes para lembrar que Ele sangraria e sofreria pelos pecados de todas as pessoas. Jesus também disse aos apóstolos que os homens maus em breve O matariam. Onze dos apóstolos ficaram muito tristes. Eles amavam o Salvador e não queriam que Ele morresse. Jesus sabia que um dos apóstolos o trairia e ajudaria os homens iníquos. O nome dele era Judas Iscariotes.

288. Outros ensinamentos na última ceia

João 13

Depois que terminaram de comer, Jesus disse aos apóstolos que eles deveriam amar uns aos outros como Ele os amou. Se fizessem isso, as pessoas saberiam que eles eram seus discípulos. Também disse que, se os apóstolos O amassem, manteriam seus mandamentos. Ele prometeu-lhes o dom do Espírito Santo. O Espírito Santo iria ensinar-lhes tudo o que eles precisavam saber e os ajudaria a se lembrarem das coisas que Jesus lhes ensinou.

289. Jesus ensina os apóstolos

João 14

Jesus dizia que ele era como uma videira. Seus discípulos são como galhos da videira. Somente um galho que está firmemente ligado à videira pode produzir bom fruto. Jesus prometeu aos apóstolos que se eles vivessem o Evangelho, seus frutos (suas obras) seriam bons. Se eles não o seguissem, seriam como galhos cortados de uma planta que não produz nada. Jesus Cristo orou para que seus apóstolos permanecessem unidos. Ele queria ensiná-los a acreditar nEle e a saber que o Pai Celestial os ama. Então, Jesus e os apóstolos cantaram um hino e saíram da sala.

290. Jesus no jardim do Getsêmani

Mateus 26

Jesus e os apóstolos foram ao jardim do Getsêmani. Judas não foi com eles. Ele foi contar aos líderes judeus onde Jesus estava. O Salvador pediu a Pedro, Tiago e João para irem com Ele ao jardim e pediu-lhes para esperarem enquanto Ele fosse orar. Jesus sabia que precisava sofrer pelos pecados de todas as pessoas. Ele não queria sofrer, porém escolheu obedecer ao Pai Celestial.

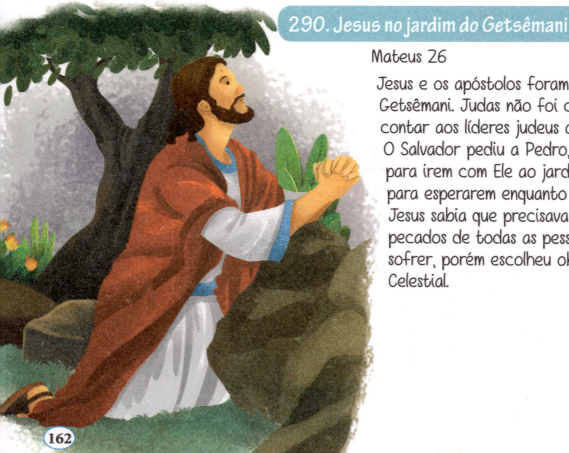

291. Jesus sofre no jardim do Getsêmani

Mateus 26

Pedro, Tiago e João adormeceram enquanto Jesus orava. Jesus veio e encontrou-os dormindo. Ele pediu-lhes para ficarem acordados e foi orar novamente. Pedro, Tiago e João queriam ficar acordados, mas estavam muito cansados. Eles adormeceram mais uma vez. Jesus novamente os encontrou dormindo e foi orar pela terceira vez. Enquanto Jesus orava, começou a tremer por causa da dor. Um anjo veio para fortalecê-Lo. Ele sofreu tanto que suou gotas de sangue. Na verdade, estava sofrendo por todos os nossos pecados, para que pudéssemos ser perdoados e nos arrependermos. Jesus despertou Pedro, Tiago e João e disse-lhes que Ele seria traído e morto. Jesus disse que as pessoas más estavam vindo para levá-lo embora.

292. As provações de Jesus

Mateus 26

Os líderes dos judeus enviaram homens com espadas e porretes ao jardim do Getsêmani. Judas Iscariotes estava com eles. Os sacerdotes principais pagaram a Judas para mostrar aos homens onde Jesus estava. Judas mostrou aos homens quem Jesus era beijando-o. Os homens levaram Jesus embora. Eles zombaram dEle e o atingiram. Depois, levaram Jesus ao sumo sacerdote, Caifás. Os líderes judeus fizeram perguntas a Jesus. Eles disseram que Ele quebrou a lei afirmando que era o Filho de Deus. Jesus falou a eles que Ele era o Filho de Deus. Eles disseram que Jesus era culpado e deveria morrer.

293. Pôncio Pilatos faz perguntas a Jesus

Mateus 27

Os líderes judeus não tinham autoridade para matar Jesus. Então, levaram-no perante Pôncio Pilatos, que podia sentenciar Jesus à morte. Os líderes judeus disseram a Pilatos que Jesus havia ensinado as pessoas a desobedecerem à lei romana. Pilatos não achava que Jesus tivesse feito nada errado. Pilatos queria deixar Jesus ir. A multidão queria que Jesus fosse crucificado. Pilatos ainda queria deixar Jesus ir, mas os sacerdotes e as pessoas continuavam gritando que eles queriam que Jesus fosse crucificado. Pilatos lavou as mãos. Ele disse que não era responsável pela morte de Jesus. As pessoas disseram que seriam responsáveis pela morte dEle. Pilatos disse a seus soldados para crucificarem Jesus.

294. Jesus é crucificado

Mateus 27

Os soldados bateram em Jesus com chicotes. Eles colocaram um manto roxo sobre Ele, fizeram-Lhe uma coroa de espinhos e a colocaram na cabeça de Jesus. Eles riram dEle e cuspiram nEle. Chamavam-No de "Rei dos Judeus". Muitas pessoas seguiram os soldados enquanto eles levavam Jesus até uma colina perto de Jerusalém. Eles O fizeram carregar sua própria cruz, pregaram Suas mãos e Seus pés nela e levantaram-na. Eles também crucificaram dois outros homens, que eram ladrões. Jesus orou. Ele pediu ao Pai Celestial para perdoar os soldados que o crucificaram, dizendo que eles não sabiam que Ele era o Salvador.

295. Jesus fala com sua mãe e com João

João 19

Maria, a mãe de Jesus, estava de pé ao lado da cruz. O apóstolo João também estava lá. Jesus disse a João para cuidar de sua mãe. João levou a mãe de Jesus para sua casa. A escuridão cobriu a terra. O Salvador sofreu na cruz por muitas horas. Finalmente seu espírito deixou seu corpo e Ele morreu.

Quando morreu, um terremoto quebrou pedras enormes em pedaços. Uma cortina no templo, chamada de véu, rasgou-se em duas partes, de alto a baixo. Os soldados romanos ficaram com medo. Um dos discípulos de Jesus tirou o corpo do Salvador da cruz. Ele envolveu-O em um pano e colocou-O em um túmulo, um lugar onde as pessoas são enterradas. Uma grande pedra foi colocada na entrada do túmulo.

296. Jesus ressuscitou

João 20

O corpo do Salvador ficou no túmulo até o domingo de manhã. Então dois anjos vieram e rolaram a pedra para longe do túmulo. Uma mulher que Jesus havia curado, Maria Madalena, foi ao túmulo. Ela ficou surpresa ao ver que a pedra tinha sido movida. O corpo de Jesus não estava no túmulo. Ela correu para dizer a Pedro e João que alguém tinha levado o corpo do Salvador. Ela não sabia onde estava. Pedro e João correram até o túmulo. Eles encontraram o pano que Jesus havia sido enterrado, mas o corpo não estava lá. Pedro e João não sabiam o que fazer, então voltaram para casa.

297. Dois anjos no túmulo

João 20

Maria Madalena ficou junto ao túmulo chorando. Quando ela olhou para dentro do túmulo novamente, viu dois anjos. Eles perguntaram a Maria Madalena por que ela estava chorando. Ela disse que alguém havia levado o corpo de Jesus embora. Ela não sabia onde estava. Então, virou-se e viu alguém. Ela achou que fosse o jardineiro. Ele perguntou por que ela estava chorando. Ela, por sua vez, perguntou se ele sabia onde estava o corpo de Jesus. Então o homem disse:

- Maria!

E assim ela logo soube que era Jesus. Ele pediu a ela para dizer aos apóstolos que ele havia ressuscitado.

298. Maria Madalena conta aos apóstolos sobre Jesus

João 20, 21

Maria Madalena e algumas outras mulheres contaram aos apóstolos que Jesus tinha ressuscitado. Primeiro os apóstolos não acreditaram nelas. Mais tarde, enquanto os apóstolos estavam conversando uns com os outros, Jesus entrou na sala. Os apóstolos ficaram com medo. Eles pensavam que Ele ainda estava morto. O Salvador disse-lhes que tocassem as mãos e os pés dEle. Ele ressuscitou: Seu corpo e Seu espírito tinham se reunido novamente. Os apóstolos ficaram felizes em vê-lo. Ele pediu-lhes comida e eles lhe deram peixe e favo de mel. Ele comeu.

299. Outros são ressuscitados

Mateus 27

Jesus Cristo foi a primeira pessoa a ser ressuscitada. Depois dEle, muitos outros foram ressuscitados e vistos por pessoas morando em Jerusalém. Jesus tinha dito:

- Eu sou a ressurreição e a vida.

Porque Ele venceu a morte, todos nós seremos ressuscitados algum dia. Enquanto os dois discípulos estavam conversando, o próprio Jesus esteve entre eles. E eles ficaram assustados e achavam que tinham visto um fantasma, mas Ele disse-lhes:

- Por que ficaram tão assustados? Por que duvidam? Vejam Minhas mãos e Meus pés, sou Eu mesmo. Toquem-Me e vejam, pois um fantasma não tem carne e ossos como vocês veem que Eu tenho.

300. Jesus dá o último mandamento aos seus ajudantes

Lucas 24

Depois que ressuscitou, Jesus ficou com seus apóstolos por 40 dias. Ele ensinou muitas coisas sobre o Evangelho e sua Igreja. Enquanto eles ainda estavam espantados e incrédulos com a novidade de sua ressurreição, Jesus disse-lhes:

- Vocês têm alguma coisa para comer aqui?

Eles deram-Lhe um pedaço de peixe assado, e Ele comeu antes deles. Então Jesus disse-lhes:

- Isto é o que Eu lhes havia dito quando ainda estava com vocês, que tudo escrito sobre mim na lei de Moisés, dos profetas e dos salmos deve ser cumprido. - Então Jesus ajudou-os a entender as escrituras e disse:

- Está escrito que o Cristo deve sofrer e no terceiro dia ressuscitar dos mortos, e que, em seu nome, todas as nações devem ser chamadas a abandonar seus pecados e ganhar o perdão. Vocês mesmos, começando em Jerusalém, devem contar aos homens sobre essas coisas.

301. Tomé vê Jesus

João 20

Ele disse-lhes para ensinarem o Evangelho a todas as pessoas. Também disse que Ele os deixaria em breve, mas o Espírito Santo viria para ajudá-los. Agora, Tomé, um dos 12 discípulos, que era chamado de "O dídimo", não estava com eles quando Jesus veio. Os outros discípulos disseram-Lhe:

- Nós vimos o mestre.

Mas ele lhes disse:

- A menos que eu veja as marcas dos pregos em Suas mãos e coloque meu dedo onde eles estavam e ponha minha mão ao lado dEle, não acreditarei.

Oito dias depois, os discípulos de Jesus estavam novamente juntos e Tomé estava com eles. Tomé disse-lhe:

- Senhor meu, Deus meu!

Jesus disse-lhe:

- Por que me viste Tomé, creste; bem-aventurados os que não viram e creram!

302. Os discípulos vão pescar

João 21

Mais tarde, Jesus apareceu aos seus discípulos perto do mar da Galileia e no caminho deles.

Simão Pedro; Tomé; Natanael de Caná, na Galileia; e os filhos de Zebedeu estavam juntos com dois outros dos seus discípulos. Simão Pedro disse-lhes:

- Vou pescar.

- Também nós iremos com você - disseram eles. E saíram e subiram a bordo do barco.

Mas, naquela noite, eles não pegaram nada.

Ao amanhecer, Jesus estava na praia, embora os discípulos não soubessem que era Ele.

303. Jesus ajuda os discípulos a pescar

João 21

Ele disse a eles:

- Filhos, vocês têm alguma coisa para comer?

Eles responderam:

- Não.

Ele disse:

- Lancem suas redes à direita do barco e pegarão alguma coisa.

Então eles jogaram a rede e, mais tarde, não puderam transportá-la por causa do grande número de peixes. Então, aquele discípulo, a quem Jesus amava, disse a Pedro:

- É o Senhor!

E quando Simão Pedro ouviu que era o Senhor, cingiu-se com a túnica (porque estava nu) e pulou na água; mas os outros discípulos, sendo apenas cerca de cem jardas da costa, foram no pequeno barco arrastando a rede cheia de peixes.

304. Todos tomam café da manhã

João 21

Quando desembarcaram, viram brasas queimando e sobre elas um peixe cozinhando e alguns pães. Jesus disse a eles:

- Tragam alguns peixes que vocês acabaram de pegar.

Então, Simão Pedro foi a bordo do barco e arrastou a rede para a praia, cheia de peixes grandes; e, embora houvesse muitos, não se rompeu a rede. Então Jesus lhes disse:

- Venham e comam o café da manhã.

Nenhum dos discípulos teve coragem de perguntar "Quem é você?", pois sabiam que era o Senhor. Jesus veio e deu-lhes o pão e também o peixe. Essa foi a terceira vez que Ele apareceu aos seus discípulos depois de ter ressuscitado dos mortos.

305. Jesus e Simão Pedro

João 21

Depois do café da manhã, Jesus disse a Simão Pedro:

- Simão, filho de Jonas, você me ama mais que estes?

Ele disse:

- Certamente, Senhor; você sabe que eu amo Você.

Jesus disse a ele:

- Apascente as minhas ovelhas.

Então, Jesus disse a ele uma segunda vez:

- Simão, filho de Jonas, você Me ama?

E ele respondeu:

- Senhor, Você sabe tudo; Você sabe que eu amo Você.

Jesus disse-lhe:

- Apascente as minhas ovelhas.

Jesus disse a ele uma terceira vez:

- Simão, filho de Jonas, você Me ama de todo o seu coração?

Simão ficou triste porque Jesus perguntou pela terceira vez: "Você me ama?". Ele respondeu:

- Senhor, Você sabe tudo; Você sabe que eu amo Você.

Jesus disse-lhe:

- Apascente as minhas ovelhas.

306. Jesus ordena a seus discípulos

Mateus 28

Jesus disse a eles:

- É-me dado todo o poder no céu e na Terra. Portanto; vão, façam discípulos de todas as nações, batizando-os em nome do Pai e do Filho e do Espírito Santo, ensinando-os a guardar todas as coisas que eu tenho mandado a vocês; e eu estarei com vocês todos os dias, até a consumação dos séculos. Amém!

Jesus mostrou aos discípulos, por muitas provas, que Ele ainda vivia, revelando-se a eles durante 40 dias e contando-lhes sobre o Reino de Deus. Quando Ele e os discípulos estavam juntos, Jesus disse-lhes que não deixassem Jerusalém, mas que esperassem o que o Pai havia prometido:

- A promessa - disse Ele - da qual vocês me ouviram falar; porque João batizou com água, mas antes que muitos dias se passem, vocês serão batizados com o Espírito Santo.

307. Os discípulos questionam Jesus

Atos 1

Enquanto eles estavam juntos, os discípulos perguntaram a Jesus:

- Senhor, você restaurará neste tempo o reino de Israel?

Jesus disse-lhes:

- Não pertence a vocês saber o tempo ou as estações que o Pai estabeleceu por sua própria autoridade; mas vocês receberão a virtude do Espírito Santo que há de vir sobre vocês e serão minhas testemunhas tanto em Jerusalém como em toda a Judeia e Samaria e até os confins da Terra.

Os apóstolos observaram Jesus elevando-Se às alturas, e uma nuvem o recebeu, ocultando-O a seus olhos.

308. Jesus sobe ao céu

Atos 1

Estando eles olhando para o céu enquanto Jesus subia, eis que dois homens vestidos de branco ficaram ao lado deles, os quais lhes disseram:

- Homens da Galileia, por que olham para o céu? Este Jesus, que foi levado de vocês para o céu, voltará da mesma maneira que vocês o viram partir.

Esses eram dois anjos.

309. Apóstolos fazem as obras de Jesus

Atos 1

Os apóstolos eram agora os líderes da Igreja de Jesus Cristo na Terra. Pedro era presidente e Tiago e João, seus conselheiros. Havia apenas onze apóstolos - Judas estava morto. O Pai Celestial disse aos apóstolos para escolherem Matias para ser um dos 12 apóstolos. Todos os apóstolos tinham um chamado especial no sacerdócio. Com o sacerdócio e o poder do Espírito Santo, os apóstolos podiam fazer muitas coisas. Eles curavam os doentes e eram missionários. Também ensinavam sobre Jesus Cristo e Seu Evangelho. Muitas pessoas acreditavam nas palavras dos apóstolos e juntavam-se à Igreja. Os membros da Igreja eram chamados santos.

Vamos conhecer sobre eles e suas obras e ler suas histórias mais adiante.

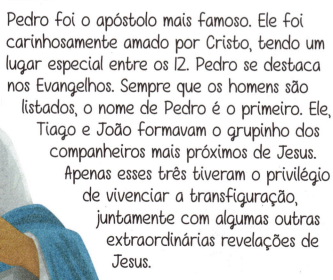

310. O apóstolo Pedro

Atos 2

Pedro foi o apóstolo mais famoso. Ele foi carinhosamente amado por Cristo, tendo um lugar especial entre os 12. Pedro se destaca nos Evangelhos. Sempre que os homens são listados, o nome de Pedro é o primeiro. Ele, Tiago e João formavam o grupinho dos companheiros mais próximos de Jesus. Apenas esses três tiveram o privilégio de vivenciar a transfiguração, juntamente com algumas outras extraordinárias revelações de Jesus.

311. Pedro, o missionário, e o apóstolo André

(Não há registros na Bíblia sobre a morte de Pedro e André)

Depois da ressurreição de Cristo, Pedro tornou-se um ousado missionário. Ele foi um dos maiores líderes da igreja primitiva. Pedro foi condenado à morte por crucificação e pediu para que ficasse de cabeça para baixo, pois não se sentia digno de morrer da mesma maneira que seu Salvador. André morreu como um mártir em uma Crux Decussata (cruz em forma de X). O apóstolo André abandonou João Batista para se tornar o primeiro seguidor de Jesus de Nazaré, mas João não se importou. Ele sabia que sua missão era indicar as pessoas para o Messias. Como muitos de nós, André viveu à sombra de seu irmão mais famoso, Simão Pedro. André levou Pedro a Cristo, depois entrou para segundo plano, enquanto seu irmão se tornou um líder entre os apóstolos e na igreja primitiva.

312. O apóstolo Tiago

Atos 12

Tiago, filho de Zebedeu, muitas vezes chamado de Tiago, o Grande (a fim de distingui-lo do outro apóstolo chamado Tiago), era um membro dos companheiros mais próximos de Jesus Cristo, que incluíam seu irmão, o apóstolo João e Pedro. Tiago e João ganharam um nome especial do Senhor: "filhos do trovão". Eles foram privilegiados para estarem na frente e no centro de três eventos sobrenaturais na vida de Cristo. Além dessas honras, Tiago foi o primeiro dos 12 a ser martirizado por sua fé em 44 d.C.

313. O apóstolo João

(Não há registros na Bíblia sobre a morte de João.)

O apóstolo João, irmão de Tiago, foi nomeado por Jesus como um dos "filhos do trovão". O impacto de João sobre a igreja cristã primitiva e sua personalidade o tornam fascinante. Por exemplo, na primeira manhã de Páscoa, com seu zelo e entusiasmo típicos, João correu até o túmulo depois que Maria Madalena relatou que agora estava vazia. Embora João vencesse a corrida e se gabasse dessa conquista em seu Evangelho, ele humildemente permitiu que Pedro entrasse no túmulo primeiro. Segundo a tradição, João sobreviveu a todos os discípulos, morrendo de velhice em Éfeso, onde pregou um Evangelho de amor e ensinou contra a heresia.

314. O apóstolo Filipe

(Não há registros na Bíblia sobre a morte de Filipe.)

Filipe foi um dos primeiros seguidores de Jesus Cristo. Ele não perdia tempo chamando outros, como Natanael, para fazer o mesmo. Embora pouco se saiba sobre ele depois da ascensão de Cristo, acredita-se que Filipe pregou o Evangelho na Frígia, na Ásia Menor, e morreu como um mártir em Hierápolis.

315. O apóstolo Natanael Bartolomeu

João 1

Natanael, o qual acredita-se ser o discípulo Bartolomeu, experimentou um primeiro encontro com Jesus. Quando o apóstolo Filipe o chamou para conhecer o Messias, Natanael o seguiu. Quando Filipe o apresentou a Jesus, o Senhor declarou:

- Eis aqui um verdadeiro israelita, em quem há nada de falso.

Imediatamente, Natanael quis saber:

- De onde você me conhece?

Jesus chamou sua atenção quando respondeu:

- Antes de Filipe chamar você, eu vi você debaixo da figueira.

O comentário de Jesus deixou Natanael chocado e surpreso, ao que ele declarou:

- Você é o Filho de Deus; é o rei de Israel.

316. O apóstolo Mateus

Lucas 5

Levi, que se tornou o apóstolo Mateus, era um oficial da alfândega em Cafarnaum que tributava importações e exportações com base em seu próprio julgamento. Os judeus o odiavam porque ele trabalhava para Roma e traía seus compatriotas. Mas quando Mateus, o desonesto cobrador de impostos, ouviu duas palavras de Jesus, "siga-me", deixou tudo e obedeceu. Mateus reconheceu Jesus como alguém por quem vale a pena se sacrificar.

317. O apóstolo Tomé

João 20

O apóstolo Tomé é muitas vezes referido como "São Tomé" porque ele se recusava a acreditar que Jesus havia ressuscitado dentre os mortos até que viu e tocou as feridas físicas de Cristo. Tomé demonstrou fé corajosa, disposta a arriscar sua própria vida para seguir Jesus para a Judeia. Há uma lição importante a ser adquirida ao estudar Tomé: se realmente se procura conhecer a verdade e as pessoas são honestas com elas mesmas e com os outros sobre suas lutas e dúvidas, Deus as encontrará fielmente e se revelará a elas, assim como fez com Tomé.

318. Apóstolo Tiago, o Menor, e o apóstolo São Simão

Tiago, o Menor, é um dos apóstolos mais obscuros da Bíblia. Ele estava presente no cenáculo de Jerusalém depois que Cristo subiu ao céu. As escrituras não dizem quase nada sobre Simão. Nos Evangelhos, ele é mencionado em três lugares, mas apenas para listar seu nome.

319. São Tadeu

João 14:22

Junto com Simão e Tiago, o Menor, o apóstolo Tadeu completa um grupo dos discípulos menos conhecidos. Tadeu, também conhecido como Judas, é caracterizado como um homem gentil, de coração terno, que demonstrava humildade infantil. Acredita-se que Tadeu escreveu o livro de Judas. É uma epístola curta.

320. Judas Iscariotes

Mateus 26

Judas Iscariotes é o apóstolo que traiu seu Mestre com um beijo. Por esse ato supremo de traição, alguns diriam que Judas Iscariotes cometeu o maior erro da história. Através dos tempos, as pessoas tiveram sentimentos fortes ou misturados sobre Judas. Algumas experimentam uma sensação de ódio em relação a ele; outras sentem pena e algumas até o consideraram um herói.

Agora, vamos ler algumas histórias sobre os apóstolos.

321. Pedro cura um homem

Atos 3

Um homem que não podia andar era levado ao templo todos os dias. Ele sentava-se ao lado das portas do templo e pedia dinheiro. Um dia, viu Pedro e João prestes a entrarem no templo e pediu dinheiro a eles. Pedro disse que não tinha dinheiro algum, mas que daria outra coisa ao homem. Pedro o abençoou em nome de Jesus Cristo e o curou. Depois, ele ajudou o homem a se levantar.

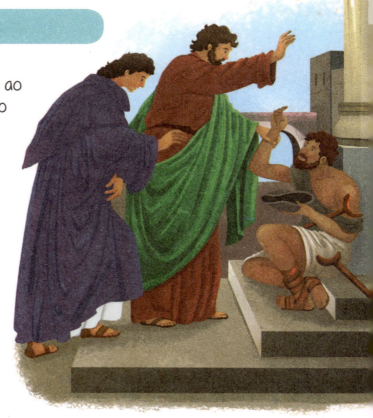

322. O homem coxo anda

Atos 3

O homem andou pela primeira vez na vida. Muitas pessoas viram o homem andando e pulando. Elas sabiam que era um milagre, sabiam que Pedro tinha o poder de Deus. Pedro disse-lhes que Jesus Cristo lhe havia dado o poder de curar o homem. Pedro foi um grande missionário. Ele ajudou muitas pessoas a acreditar em Jesus Cristo e a segui-Lo. Muitos líderes judeus pensaram que os milagres parariam quando Jesus morresse. No entanto, os apóstolos também realizavam milagres.

323. Pedro e Simão, o curtidor

Atos 10

Enquanto Pedro estava indo pelo país inteiro, ele ficou por um longo tempo em Jope, na casa de Simão, o curtidor. Cornélio, o centurião da corte chamada Italiana, dava muitos presentes às pessoas pobres e orava a Deus em todos os momentos.

Um dia, Cornélio viu um anjo de Deus vindo e dizendo a ele:

- Cornélio, suas orações e seus presentes para os pobres são agradáveis a Deus. Agora, envie homens para Jope e traga um certo Simão, que tem por sobrenome Pedro. Ele está com Simão, um curtidor, cuja casa fica à beira-mar. Quando o anjo que falou com ele se foi, Cornélio enviou servos a Jope.

324. Pedro em Jope

Atos 10

No dia seguinte, tendo encontrado o caminho para a casa de Simão, todos juntos chegaram a Cesareia. Cornélio estava esperando por eles, tinha chamado seus parentes e amigos próximos. Quando Pedro chegou, Cornélio o encontrou, caiu a seus pés e o adorou. Mas Pedro disse:

- Levante-se; sou apenas um homem, como você.

Depois de ter falado com ele, Pedro entrou e encontrou muitas pessoas lá. Elas imploraram para que ele ficasse com eles vários dias. Quando Pedro subiu à Jerusalém, os seguidores judeus de Jesus fizeram críticas a ele por pregarem àqueles que não eram judeus. Mas Pedro explicou a questão a eles, contando-lhes sobre sua visita a Jope.

325. Ananias, um cristão primitivo

Atos 5

José, a quem os apóstolos chamavam Barnabé, vendeu sua fazenda e levou o dinheiro para os apóstolos. Mas um homem chamado Ananias e sua esposa Safira venderam uma propriedade e retiveram parte do valor, levando apenas uma parte para os apóstolos.

- Ananias - disse Pedro -, por que Satanás colocou em seu coração o desejo de enganar o Espírito Santo e manter parte do preço da terra? Enquanto a terra não foi vendida, não era sua? Mesmo depois que foi vendida, não era o dinheiro seu para fazer o que quisesse? Como pôde planejar uma coisa dessas? Você não mentiu aos homens, mas a Deus.

326. A esposa de Ananias também morre

Atos 5

Quando Ananias ouviu essas palavras, caiu e morreu. Cerca de três horas mais tarde, sua esposa entrou, sem saber o que havia acontecido. Pedro disse a ela:

- Diga-me, você vendeu aquela terra por esse preço?

E ela respondeu:

- Sim, por esse mesmo.

Então, Pedro disse-lhe:

- Como vocês dois concordaram em tentar o Espírito do Senhor? Veja! Estão à porta aqueles que sepultaram o seu marido e eles a levarão também.

Instantaneamente, ela caiu morta aos pés dele. Então grande temor veio sobre toda a igreja e sobre todos os que ouviram falar dessas coisas. Muitos milagres e maravilhas foram feitos entre as pessoas pelos apóstolos. Até mesmo das cidades circunvizinhas de Jerusalém se reuniram multidões trazendo doentes, e todos foram curados.

327. Homens maus matam Estêvão

Atos 6

Muitas pessoas acreditavam em Jesus Cristo e juntaram-se à Igreja. Isso deixou muitos líderes judeus com raiva. Eles colocaram Pedro e João na prisão. O rei Herodes Agripa mandou matar o apóstolo Tiago. Os apóstolos chamaram sete homens para ajudar a liderar a Igreja. Um era um homem justo chamado Estêvão. Ele ensinou o Evangelho a muitas pessoas. Algumas pessoas más mentiram e disseram que Estevão falou contra a lei dos judeus. Elas o levaram para ser julgado pelos líderes judeus. Estevão disse aos líderes que eles eram maus e que haviam matado Jesus Cristo, o Filho de Deus. Estevão foi apedrejado até a morte.

328. Filipe e o etíope

Atos 8

Uma grande perseguição estourou contra a Igreja em Jerusalém e todos, exceto os apóstolos, foram espalhados pela Judeia e por Samaria. Filipe desceu para a cidade de Samaria, onde falou ao povo sobre Jesus, o Cristo. E as multidões, quando ouviram os milagres que Ele realizou, prestaram atenção ao que ele disse. Tanto os homens como as mulheres que acreditaram em Filipe foram batizados. Um anjo do Senhor disse a Felipe:

— Suba e vá para o sul pela estrada deserta de Jerusalém à Gaza.

Enquanto seguia seu caminho, ele encontrou um etíope encarregado dos tesouros de Candace, a rainha dos etíopes. Filipe o batizou.

329. Simão e o sacerdócio

Atos 8

Muitas pessoas em Samaria ouviam e acreditavam no Evangelho. Elas eram batizadas, mas não tinham o Espírito Santo. Pedro e João foram à Samaria. Eles colocavam as mãos na cabeça das pessoas e davam-lhes o dom do Espírito Santo. Um homem chamado Simão viu Pedro e João dando às pessoas o dom do Espírito Santo. Simão sabia que os dois apóstolos poderiam dar às pessoas o dom do Espírito Santo porque eles tinham o sacerdócio. Ele também queria o sacerdócio. Ele ofereceu dinheiro a Pedro e João por isso. Pedro disse a Simão que ninguém pode comprar o sacerdócio. Deus dá isso a homens justos. Pedro sabia que Simão não era justo. Então Pedro disse-lhe para arrepender-se.

330. Os apóstolos vão para outros lugares

Atos 11

Os discípulos que foram dispersos pela perseguição que veio após o assassinato de Estêvão foram para Fenícia, Chipre e Antioquia, porém falavam sobre Jesus apenas aos judeus. Alguns deles, cidadãos de Chipre e Cirene, quando chegaram a Antioquia também contaram as boas-novas sobre o Senhor Jesus aos gregos. O poder do Senhor estava com eles, e um grande número acreditava e se voltava para Ele. Quando a notícia a respeito disso chegou à Igreja em Jerusalém, enviaram Barnabé à Antioquia. Depois que ele viu as provas da bondade de Deus, ficou muito feliz e instou todos a permanecerem fiéis ao Senhor; e muitos mais acreditaram.

331. Herodes captura Pedro

Atos 12

Agora Herodes, o rei, começava a perseguir os membros da igreja; e ele matou Tiago, o irmão de João, com a espada. Quando Herodes viu que agradou aos judeus, também capturou Pedro. Isso foi durante a festa do pão asmo (sem fermento). Portanto, quando ele prendeu Pedro, colocou-o na prisão e o entregou a quatro bandos de quatro soldados cada um. E ele planejou trazê-lo para o povo depois da Páscoa. Então, Pedro foi mantido na prisão; mas os membros da igreja oraram fervorosamente a Deus por ele.

332. O anjo ajuda Pedro

Atos 12

Na mesma noite, antes do dia em que Herodes pretendia levá-lo a julgamento, Pedro estava dormindo entre dois soldados, preso a eles com duas correntes. Sentinelas também estavam de guarda nas portas. De repente, um anjo do Senhor ficou ao lado dele e uma luz brilhou na cela. Tocando Pedro no lado, despertou-o dizendo:

- Levante-se depressa!

E as correntes caíram das mãos dele. O anjo disse-lhe:

- Coloque seu cinto e suas sandálias.

Pedro assim o fez. O anjo disse-lhe:

- Jogue seu casaco em torno de si e me siga.

Então Pedro saiu com ele; e não sabia se o que tinha sido feito pelo anjo era realmente verdade, pois achava que estava sonhando.

333. Pedro vai até Maria

Atos 12

Eles passaram a primeira e a segunda guarda e chegaram à porta de ferro que dava para a cidade; e esta se abriu para eles. E, tendo saído, percorreram uma rua; e de repente o anjo o deixou. Quando Pedro se viu sozinho, disse:

- Agora sei verdadeiramente que o Senhor enviou seu anjo e me salvou das mãos de Herodes e de tudo o que os judeus estavam esperando que ele fizesse comigo.

Depois de pensar em o que fazer, foi para a casa de Maria, mãe de João, que tinha por sobrenome Marcos.

334. Rode dá as boas-vindas a Paulo

Atos 12

Então muitas pessoas tinham se reunido lá para a oração. Quando Pedro bateu à porta, uma menina chamada Rode foi atender. Ao ouvir a voz de Pedro, ficou tão feliz que se esqueceu de abrir a porta, mas correu e disse que ele estava de pé do lado de fora. Eles disseram a ela:

- Você está fora de si.

Mas ela insistia que assim era. E diziam-lhe:

- É o seu anjo.

Mas Pedro continuou batendo, e quando eles abriram a porta e o viram, ficaram surpresos.

335. Pedro é procurado

Atos 12

Mas ele fez sinal para eles com a mão para ficarem em silêncio e disse-lhes como o Senhor o tirara da prisão. Ele disse:

- Vá e diga a Tiago e aos outros irmãos.

Então saiu e partiu para outro lugar. Assim que amanheceu, não foi pequeno o alvoroço entre os soldados, sobre o que seria feito de Pedro. Depois que Herodes procurou por ele e não o encontrou, ele questionou os guardas e ordenou que fossem executados.

336. Saulo aprende sobre Jesus

Atos 13

Paulo, que mais tarde foi Saulo, viu as pessoas matarem Estevão. Um dia, Saulo foi caminhando para a cidade de Damasco com alguns amigos. Ele queria colocar alguns dos discípulos de Cristo na prisão. De repente, uma luz brilhante do céu o rodeou. Ele caiu no chão. Então Saulo ouviu a voz de Jesus perguntando por que ele estava tentando ferir os santos. Saulo ficou com medo. Ele perguntou a Jesus o que deveria fazer. O Salvador disse-lhe que ele deveria ir a Damasco. Lá ele seria informado sobre o que precisaria fazer. Saulo abriu os olhos, mas não pôde ver. Ele estava cego. Seus amigos o levaram para Damasco.

337. Barnabé em Tarso

Atos 13

Então Barnabé foi a Tarso para procurar Paulo, cujo nome era Saulo. Quando o encontrou, levou-o para Antioquia e, durante um ano inteiro, eles ficaram com a igreja lá e ensinaram um grande número de pessoas. Foi em Antioquia também que os discípulos foram chamados pela primeira vez cristãos. Durante aqueles dias, alguns profetas foram para Antioquia de Jerusalém. Um deles, Ágabo, sob a influência do Espírito, disse que uma fome severa viria por toda aquela parte do mundo, e essa fome veio enquanto Cláudio era imperador. Portanto, os discípulos, cada um como podia, enviavam algo para ajudar os irmãos que viviam na Judeia. Eles enviaram seus presentes aos anciãos por Barnabé e Paulo. Depois que Barnabé e Paulo fizeram aquilo para o que foram enviados, voltaram.

338. Saulo torna-se Paulo

Atos 13

Um discípulo de Jesus Cristo chamado Ananias morava em Damasco. Em uma visão, Jesus disse a Ananias para ir até Saulo. Ananias tinha o sacerdócio. Ele colocou as mãos na cabeça de Saulo e o abençoou para que a visão de Saulo voltasse. Depois de ser curado, Saulo foi batizado e recebeu o dom do Espírito Santo. Saulo mudou seu nome para Paulo. Ele foi chamado para ser um apóstolo.

339. Paulo e Barnabé em terras estrangeiras

Atos 13

Paulo e Barnabé foram para Selêucia e de lá partiram para Chipre. Eles foram para Antioquia. No sábado, foram para a sinagoga e sentaram-se. Depois da lição da lei e dos profetas, os homens encarregados do serviço da sinagoga mandaram dizer-lhes:

- Irmãos, se vocês têm alguma palavra de encorajamento para as pessoas, falem.

Então, Paulo levantou-se e disse:

- Ouçam, homens de Israel, da família de Davi. Deus trouxe a Israel, como Ele havia prometido, um Salvador, Jesus.

Quando Paulo e Barnabé estavam saindo, o povo implorou que isso fosse repetido para eles no sábado seguinte. No sábado seguinte, quase todas as pessoas da cidade foram ouvir a mensagem do Senhor.

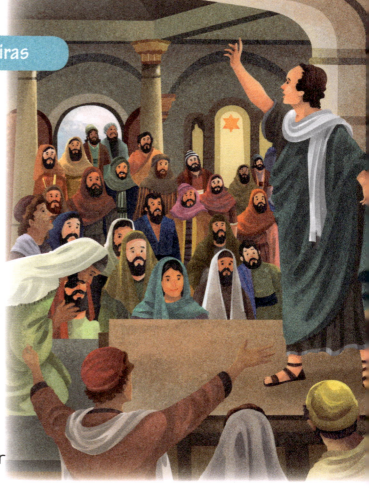

340. Paulo em Listra

Atos 14

Em Listra, havia um homem que não conseguia mexer os pés, que era coxo desde o nascimento e nunca havia andado. Enquanto esse homem ouvia a pregação de Paulo, o apóstolo fixou os olhos nele e, vendo que ele tinha fé suficiente para fazê-lo bem, disse em voz alta:

- Levante-se direito sobre os seus pés.

O homem se levantou e começou a andar. Quando a multidão viu o que Paulo havia feito, gritou. E chamavam Júpiter a Barnabé, e Mercúrio, a Paulo, porque era ele quem trazia a palavra.

341. Paulo na Macedônia

Atos 16

Uma noite, Paulo teve uma visão: um homem da Macedônia estava de pé e implorando a ele:

- Venha para a Macedônia e ajude-nos.

Assim que Paulo teve a visão, eles zarparam. Um dia, quando iam ao local de oração, uma escrava encontrou-os, a qual, adivinhando, dava grandes lucros aos seus donos. Paulo libertou-a do espírito. E, vendo seus senhores que a esperança de seu lucro estava perdida, prenderam Paulo e Silas e os levaram à praça, à presença dos magistrados. Apresentando-os aos magistrados, disseram:

- Estes são os judeus que estão perturbando nossa cidade.

A multidão também se levantou unida contra eles, então os magistrados, rasgando as vestes deles, ordenavam que fossem açoitados com varas. Depois de açoitá-los severamente, os jogaram na prisão e ordenaram que o carcereiro os guardasse em segurança.

342. Paulo deixa a prisão

Atos 16

Por volta da meia-noite, enquanto Paulo e Silas oravam e cantavam hinos a Deus e os outros prisioneiros os escutavam, de repente houve um terremoto tão grande que os alicerces da prisão se moveram. Imediatamente, todas as portas foram abertas e as correntes que prendiam os prisioneiros foram soltas. Quando o carcereiro de repente acordou e viu as portas da prisão bem abertas, desembainhou a espada com o objetivo de se matar, pois achou que os prisioneiros haviam escapado. Paulo e Silas pregaram a palavra do Senhor a ele e a toda a sua família. Então o carcereiro os levou naquela mesma hora da noite e lavou suas feridas, e ele e toda a sua família foram imediatamente batizados.

343. Paulo em Tessalônica

Atos 17

Depois de terem passado por Anfípolis e Apolônia, chegaram a Tessalônica, onde os judeus tinham uma sinagoga. Como de costume, Paulo foi ter com eles e durante três sábados argumentou com eles sobre as escrituras, expondo e demonstrando que o Cristo teve que sofrer e ressuscitar dos mortos.

- E esse Jesus, que anuncio a vocês - dizia ele - é o Cristo.

Alguns dos judeus e um grande número de gregos tementes a Deus e muitas mulheres distintas creram e ajuntaram-se com Paulo e Silas. Mas os judeus, desobedientes, movidos pela inveja, ficaram com ciúmes e os atacaram.

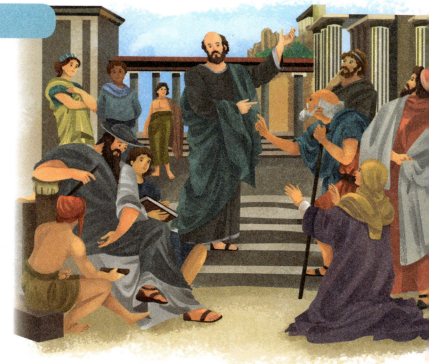

344. O discurso de Paulo em Atenas

Atos 17

Paulo chegou a Atenas. Ele argumentava na sinagoga com os judeus e com os gregos que se juntavam em sua adoração e todos os dias com aqueles que ele conheceu no mercado. Alguns dos filósofos também contendiam com ele. Paulo ficou no meio do tribunal e disse:

- Homens de Atenas, vejo onde quer que eu vá que vocês são muito religiosos. Como filhos de Deus, não devemos pensar na natureza divina como sendo ouro ou prata ou pedra, esculpida pela arte e invenção do homem. Deus ignorou as eras da ignorância, mas agora ordena a todos os homens em todos os lugares que se arrependam, pois Ele fixou um dia em que julgará o mundo com justiça por Aquele a quem designou e deu prova disso a toda a humanidade levantando-O dos mortos.

345. O trabalho de Paulo em Corinto

Atos 18

Paulo deixou o local e foi para a casa de Titius Justus, que adorava a Deus, cuja casa ficava ao lado da sinagoga. Crispo, o presidente da sinagoga, e toda a sua família acreditavam no Senhor; e muitos dos coríntios quando ouviram Paulo creram e foram batizados. Mas quando Gálio foi governador da Grécia, os judeus se juntaram em um ataque a Paulo e levaram-no perante o tribunal sob a acusação de que ele levava as pessoas a adorarem a Deus, ao contrário da lei. Paulo, depois de ficar mais tempo em Corinto, disse adeus aos irmãos e, com Priscila e Áquila, viajou para a Síria.

346. Julgamentos e vitórias de Paulo em Éfeso

Atos 19

Paulo retornou a Éfeso. Ali, entrou na sinagoga e falou destemidamente por três meses, argumentando e tentando convencer as pessoas sobre o Reino de Deus. Isso continuou por dois anos, de modo que todas as pessoas que viviam na província da Ásia, tanto judeus quanto gregos, ouviram a mensagem do Senhor. Deus fez milagres maravilhosos através de Paulo, e o nome do Senhor Jesus foi celebrado em alta honra.

347. Demétrio, o ourives

Atos 19

Naquela época, um ourives chamado Demétrio fazia modelos de prata do templo de Ártemis, o que trazia muito lucro a seus operários. Ele reuniu os operários e outros que estavam no mesmo tipo de negócio e disse-lhes:

– Varões, Paulo tem atraído muitas pessoas dizendo que os deuses feitos por mãos humanas não são deuses. Há perigo não apenas que esse negócio seja afetado, mas também que o templo da grande deusa Ártemis seja negligenciado.

Quando ouviram isso, eles ficaram muito enfurecidos e gritaram:

– Grande é Ártemis dos Efésios!

O alvoroço espalhou-se por toda a cidade.

348. Última viagem de Paulo a Jerusalém

Atos 21

Paulo navegou para a Síria e desembarcou em Tiro, onde o navio deveria descarregar sua carga. Lá encontrou certos discípulos cristãos e ficou uma semana com eles. Falando sob a influência do Espírito, eles disseram a Paulo que não subisse a Jerusalém; então foram para a casa de Filipe, o evangelista. Alguns dos discípulos de Cesareia foram e levaram consigo um certo Mnasom, natural de Chipre, um dos primeiros discípulos. Paulo entrou no templo para anunciar o momento em que o sacrifício seria oferecido a cada um deles.

349. Paulo é capturado em Jerusalém

Atos 21

Os sete dias durante os quais os homens haviam prometido fazer oferendas especiais estavam quase no fim quando alguns judeus da Ásia, que viram Paulo no templo, agitaram toda a multidão e puseram as mãos nele, gritando:

- Homens de Israel, ajudem! Este é o homem que ensina todos os homens, em todos os lugares, a desprezar o povo judeu, a lei judaica e este lugar sagrado.

Então toda a cidade foi despertada. As pessoas correram juntas, agarraram Paulo e arrastaram-no para fora do templo; e imediatamente as portas foram fechadas.

350. Paulo faz um discurso

Atos 21, 22

As pessoas estavam tentando matar Paulo quando o comandante dos soldados levou alguns soldados e oficiais e correu para eles. O comandante ordenou que Paulo fosse levado para o tribuno da coorte. Quando Paulo chegou às escadas, todas as pessoas seguiam gritando:

- Matem-no!

No momento em que Paulo estava sendo levado para o castelo, falou a eles em hebraico:

- Irmãos e pais, ouçam a defesa que agora faço diante de vocês. - Quando o ouviram falar em hebraico, ficaram ainda mais calados; então ele continuou: - Sou judeu. Eu estava tão ansioso para servir a Deus como todos vocês estão hoje... Eu persegui e até matei os seguidores de Jesus...

Mas o povo não quis ouvir e queria que ele fosse açoitado.

351. Paulo é salvo

Atos 22, 23

Paulo disse ao oficial que estava de pé:

- É lícito para você açoitar um cidadão romano sem julgamento?

Quando o oficial ouviu isso, relatou ao comandante e disse:

- Veja o que você vai fazer, pois este homem é um cidadão romano.

Então o comandante foi a Paulo e disse:

- Diga-me, você é um cidadão romano?

Ele disse:

- Sim.

O comandante também estava com medo porque ele o havia amarrado. No dia seguinte, o comandante, para descobrir exatamente o que os judeus haviam feito contra Paulo, libertou-o e ordenou que se reunissem os principais sacerdotes e todo o seu conselho; e apresentou Paulo diante deles. Depois de muitas discussões, o comandante decidiu levar Paulo de volta à fortaleza.

Na noite seguinte, o Senhor estava ao lado de Paulo e disse:

- Assim como você falou por mim em Jerusalém, deve falar também em Roma.

352. O comandante salva Paulo

Atos 23

Cedo, na manhã seguinte, os judeus conspiraram para matar Paulo. Mas o filho da irmã de Paulo ouviu falar da trama deles e foi até a fortaleza contar a Paulo. Paulo chamou um dos oficiais e disse:

- Leve este rapaz ao comandante, pois ele tem algo a lhe dizer.

Então o oficial levou-o ao comandante e disse:

- Paulo, o prisioneiro, pediu-me para trazer este jovem até você, pois ele tem algo a lhe dizer.

O comandante pegou-o pela mão e, depois de levá-lo de lado, o menino contou tudo.

O comandante deixou o jovem ir, dizendo-lhe:

- Não diga a ninguém que você me informou disso.

353. Um prisioneiro que pregou para seus juízes

Atos 25

Paulo foi levado perante o governador e depois perante o juiz. Festo tomou seu lugar no tribunal e ordenou que Paulo fosse trazido. Quando ele chegou, os judeus que haviam descido de Jerusalém o cercaram e trouxeram muitas e graves acusações contra ele, as quais não puderam provar. Em resposta a eles, Paulo disse:

- Eu não cometi nenhum crime contra a lei judaica, contra o templo ou contra o imperador.

Mas, como Festo queria ganhar o favor dos judeus, interrompeu Paulo com a seguinte pergunta:

- Você está disposto a ir a Jerusalém e ser julgado diante de mim por essas acusações?

Paulo disse:

- Estou diante do tribunal do imperador, onde devo ser julgado. Eu não fiz nada de errado com os judeus, como bem sabes.

Festo enviou-o ao imperador.

354. Paulo diante do rei Agripa

Atos 25, 26

Depois de alguns dias, o rei Agripa e Bernice chegaram para visitar Festo. Festo expôs o caso de Paulo diante do rei. Agripa disse a Festo:

- Eu gostaria de ouvir o homem eu mesmo.

Então, no dia seguinte, Agripa e Bernice vieram com muito aparato para o tribunal, juntamente com os comandantes e os principais cidadãos; e, ao comando de Festo, Paulo foi trazido. Agripa disse a Paulo:

- Você tem permissão para se defender.

Então, Paulo estendeu a mão e começou a sua defesa.

355. Paulo fala ao rei Agripa

Atos 26

- Estou feliz, rei Agripa, por ter permissão neste dia para me defender diante de você contra todas as acusações que os judeus trouxeram contra mim, porque você tem conhecimento sobre os costumes e as questões judaicas. Por isso, peço-lhe, ouça-me com paciência. Todos os judeus conhecem o tipo de vida que eu vivi na minha juventude, entre os homens da minha própria nação e em Jerusalém. Como fariseu, vivi de acordo com os padrões da parte mais rigorosa da nossa religião. E realmente acreditei que era meu dever fazer tudo ao meu alcance para me opor à causa de Jesus de Nazaré. Isso eu fiz em Jerusalém.

356. Paulo continua a história

Atos 26

- Quando eu estava viajando para Damasco, vi na estrada, no meio do dia, uma luz do céu, mais deslumbrante que o sol, e ouvi uma voz dizer para mim em hebraico: "Saulo, Saulo, por que você me persegue?". Perguntei: "Quem é você, Senhor?"; e o Senhor respondeu: "Eu sou Jesus, a quem você persegue. Eu escolhi você dos judeus e dos outros povos a quem eu estou enviando para abrir seus olhos, para que eles possam se converter das trevas para a luz, do poder de Satanás para Deus, para que eles possam receber o perdão dos seus pecados". Pelo que, ó rei Agripa, não fui desobediente à visão celestial.

357. A resposta de Agripa

Atos 26

Quando Paulo disse essas palavras em sua defesa, Festo gritou:

— Você está louco, Paulo! As muitas letras fazem você delirar!

Mas Paulo disse:

— Não deliro, ó potentíssimo Festo! Pelo contrário, digo palavras de verdade e de um são juízo, pois tenho certeza de que nada escapou de sua atenção, uma vez que isso não foi feito em um lugar qualquer. Rei Agripa, você acredita nos profetas? Bem sei que você crê.

Mas Agripa disse a Paulo:

— Você acha que em tão pouco tempo pode me convencer a me tornar cristão?

Paulo respondeu:

— Eu oro a Deus que, ou por pouco ou por muito, não somente você, mas também todos que me ouvem neste dia possam se tornar cristãos como eu sou.

Então, o rei libertou-o.

358. O navio de Paulo tem problemas

Atos 27

Paulo e alguns outros prisioneiros foram colocados a cargo de Júlio, um centurião do regimento do rei. Eles embarcaram em um navio que estava destinado aos portos marítimos da Ásia Menor. A navegação tornou-se perigosa. Paulo avisou-os dizendo:

— Varões, vejo que a viagem há de ser incômoda e com muito dano, não apenas para a carga e o navio, mas também para nossas próprias vidas.

Mas o oficial prestou mais atenção ao capitão e ao proprietário do navio do que ao que Paulo disse. O navio foi pego em uma tempestade e por muitos dias nem o sol nem as estrelas foram vistos e o forte vendaval continuou.

359. O naufrágio

Atos 27

Depois que os homens tinham passado muito tempo sem comida, Paulo levantou-se entre eles e disse:

- Varões, vocês deveriam ter me escutado e não ter navegado de Creta, então teriam escapado destas dificuldades e perdas. Mas agora recomendo que vocês se animem, pois não haverá perda de vidas, mas apenas do navio. Na noite passada, um anjo de Deus, a quem pertenço e a quem sirvo, ficou ao meu lado e disse: "Paulo, não tenha medo, pois você deve estar diante do rei. Deus também deu a você a vida de todos os que navegam com você". Portanto, varões, animem-se! Pois eu creio em Deus e tenho certeza de que será exatamente como me foi dito; mas nós seremos arrastados para alguma ilha.

360. Na ilha

Atos 28

Quando chegou o dia, eles não conseguiram identificar que terra era; mas viram uma enseada com uma praia arenosa na qual planejavam, se possível, ir com o navio até lá. Então, cortando as âncoras, eles as deixaram no mar. Ao mesmo tempo, soltando as cordas que amarravam os lemes e içando a vela ao vento, foram para a praia. Então os soldados queriam matar os prisioneiros por medo de que alguns deles pudessem nadar e fugir. Mas como o centurião queria salvar Paulo, os deteve de levarem a cabo o plano deles e ordenou àqueles que conseguissem nadar a pularem no mar e chegarem primeiro à terra; o resto seguiu. Dessa forma, todos eles conseguiram chegar em segurança. A ilha chamava-se Malta.

361. O fim da longa jornada de Paulo

Atos 28

Os nativos da ilha mostraram uma gentileza incomum, pois acenderam uma fogueira e os acolheram por causa da chuva e do frio. Paulo havia recolhido um maço de gravetos e estava colocando-os no fogo quando uma cobra venenosa ficou presa em sua mão. Mas ele sacudiu a criatura em direção ao fogo e saiu ileso. Eles esperavam que ficasse inchado imediatamente ou caísse morto; porém, depois de esperarem muito tempo e verem que nenhum dano havia acontecido a ele, mudaram de ideia e disseram que ele era um deus.

362. Paulo ajuda o governante

Atos 28

Na parte da ilha onde desembarcaram, havia uma propriedade pertencente a Públio, o governador. Ele deu as boas-vindas e entreteve-os mais generosamente por três dias. Ora, aconteceu que o pai de Públio estava doente, com febre e disenteria. Então Paulo foi vê-lo e orou e, impondo as mãos sobre ele, curou-o. Depois disso, as outras pessoas doentes da ilha vieram e foram curadas. Elas também os presentearam com muitas coisas e, havendo de navegar, proveram todo o necessário.

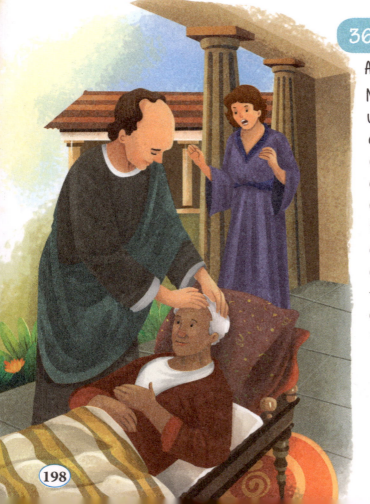

363. A viagem à Roma

Atos 28

Depois de três meses, embarcaram em um navio de Alexandria. Chegaram a Siracusa e permaneceram lá por três dias. Depois, viajaram até chegar a Roma. Quando chegaram a Roma, o centurião entregou os presos ao general dos exércitos; mas a Paulo foi permitido morar por sua conta, com o soldado que o guardava. Três dias depois da chegada, Paulo convocou os principais judeus para encontrá-lo e disse-lhes:

- Irmãos, embora eu não tenha feito nada contra a lei judaica ou os costumes paternos, fui entregue como prisioneiro de Jerusalém aos romanos, os quais, havendo-me examinado, queriam soltar-me, por não haver em mim crime algum de morte.

364. Paulo ensina novamente

Atos 28

Eles responderam:

- Nós não recebemos nenhuma carta sobre você da Judeia nem nenhum irmão veio aqui com qualquer relatório ou declaração ruim sobre você; porém desejamos ouvir de você o que ensina, pois sabemos que a seita cristã é atacada em todos os lugares.

Então eles fixaram um dia e muitos deles foram até Paulo no lugar onde ele estava hospedado. Assim, de manhã até a noite, ele explicava seus ensinamentos e falava-lhes sobre o Reino de Deus, e tentava levá-los a crer em Jesus por meio de provas da lei de Moisés e dos profetas. Alguns acreditavam no que ele ensinava e outros não acreditavam.

365. As epístolas de Paulo

Atos 28

Paulo ficou na prisão em Roma por dois anos. Durante esses dois anos inteiros, Paulo morou em sua própria casa de aluguel. Ele dava as boas-vindas a todos que iam até ele, pregava o Reino de Deus e ensinava sobre o Senhor Jesus Cristo abertamente, sem ninguém o impedindo. Ele escreveu muitas cartas, foi a muitas terras e ensinou o Evangelho. Muitas pessoas vinham para vê-lo. Ele ensinou-lhes o Evangelho. Paulo escreveu cartas aos Santos em outras terras. Algumas dessas cartas, chamadas epístolas, estão no Novo Testamento.